Naturwissenschaftlicher Unterricht heute

Entropie

Herrin der Energie

Synergetik

am Dynamo

Schroedel Schulbuchverlag

Naturwissenschaftlicher Unterricht heute

Entropie
Herrin der Energie

Synergetik
am Dynamo

Autor:

Prof. Dr. Franz Bader

unter Mitarbeit der Verlagsredaktion

CHLORFREI
Gedruckt auf Papier, das nicht mit Chlor gebleicht wurde. Bei der Produktion entstehen keine chlorkohlenwasserstoffhaltigen Abwässer.

ISBN 3-507-**76 511**-X

Satz und Grafik: AM – Büro für wissenschaftlichen Satz, Hannover
Druck: Karl Neef GmbH, Wittingen

9306

Einleitung: Rolle des Entropiebegriffs

a) Die Entropie faßt den 2. Hauptsatz der Thermodynamik quantitativ. So unterscheidet sie sich wesentlich von der Energie, der Größe des 1. Hauptsatzes und erweist sich als Herrin über diese (Lit. 1, Seite 32). Auch ist die Entropie mit dem Zeitpfeil eng verbunden (Lit. 2): Sie bestimmt Wert und Weg der Energie und gehört zu den fundamentalen Begriffen von Physik und Technik. Wird doch mit der Entropie die Energieentwertung bei irreversiblen Vorgängen, also das Kernproblem unserer Energie-Versorgung, beschrieben.

b) Als Herrin über die Energie bekommt die Entropie auch in der Chemie eine überragende Rolle, eingebettet in die im Chemieunterricht benutzte **freie Enthalpie**. Diese ist auch physikalisch bedeutsam, etwa beim Gefrieren und Sieden sowie in Kältemischungen. Vor allem gibt sie die sogenannte *vergeudete Arbeit* an.

c) Man hört bisweilen, „Entropie sei das am besten gehütete Geheimnis der Physik". Doch wurde sie von BOLTZMANN atomistisch-stochastisch, also anschaulich gedeutet. Sie läßt sich auch als Datenmenge, als Informationsmaß, verstehen (siehe Seite 113). Damit ist eine Brücke zu Informatik und Mathematik geschlagen.

d) Als Informationsbegriff und über die Chemie fand die Entropie Eingang auch in die Biologie (Lit. 3).

Im folgenden sollen diese fächerübergreifenden Aspekte der Entropie herausgestellt werden. Dabei wird weder die thermodynamische (phänomenologische), noch die stochastische Linie für sich entwickelt. Vielmehr zeigt das einfache und weittragende Beispiel der isothermen Ausdehnung idealer Gase, wie beide Linien zusammenwirken. So entsteht ein Entropiebegriff, der
- im „Spiel" höchst anschaulich begriffen und
- experimentell, also makroskopisch, zugänglich ist.

Anschließend findet er seine Bewährung
- bei thermodynamischen Maschinen,
- in der Technik (Energieversorgung),
- in Biologie, Chemie und bei Phasenumwandlungen.

Bilanzdenken und **Zustandsbegriff** lösen in der Thermodynamik die **Kausalstrategie** der Newton-Mechanik ab. Anders ließen sich die überaus komplexen Vorgänge quantitativ nicht erfassen. Zudem unterstützen anschauliche **Computer-Simulationen** die stochastische wie auch die thermodynamische Linie. Auf Seite 46 wird ein qualitativer Kurzlehrgang beschrieben.

Computersimulationen

Im Text wird auf verschiedene Computersimulationen Bezug genommen. Dabei wird zur Vereinfachung nur die jeweilige Abkürzung „Therm x" gewählt. Sämtliche Programme wurden, manchmal leicht verändert, der Programmsammlung „Computerprogramme zur Physik" (Schroedel, Best.-Nr. 86245/86246) entnommen. Im folgenden sind die dort verwendeten Programmnamen mit den hier benutzten Abkürzungen zusammengestellt.

Kalter Kaffee; Newtonsches Abkühlungsgesetz; Wärmemischungen	(THERM 1)
Wege im p;V-Diagramm	(THERM 2)
Arbeit im p;V-Diagramm; isotherme Expansion	(THERM 3)
Diffusion; Gasausdehnung im Teilchenmodell	(THERM 4)
Entropiespiel; Ehrenfests Flöhe	(THERM 5)
Verteilung; Entwicklung der Spielformel	(THERM 6)
Würfeln ; Entropiespiel bei vielen Teilchen	(THERM 7)
Wärmeleitung und thermisches Gleichgewicht	(THERM 8)
Entropieberechnung bei festen Stoffen	(THERM 10)
Einfacher Kreisprozeß	(THERM 11)
Heißluftmotor	(THERM 12)
Kältemaschinen	(THERM 13)
Carnotprozeß	(THERM 14)
Dampfdruckmaschine; einfachster Kreisprozeß	(THERM 15)
Maxwellverteilung dreidimensional	(THERM 16)

Inhaltsverzeichnis

Einleitung: Rolle des Entropiebegriffs 2

1 Der 1. Hauptsatz der Thermodynamik 7

1.1 Energievergeudung bei irreversiblen Prozessen 7
1.2 Lassen sich Irreversibilitäten mit Kraft oder mit Energie erklären? 9
1.3 Der 1. Hauptsatz der Wärmelehre (Energiesatz) 10
1.4 Ist die innere Energie von Preßluft wertvoller? 13
1.5 Das p;V-Diagramm bei Einzelprozessen (THERM 2) 15
1.6 Isotherme, reversible Zustandsänderungen 17
1.7 Das p;V-Diagramm als Arbeitsdiagramm (THERM 3): 19

2 Entropie – Zahl Ω möglicher Mikro-Zustände 23

2.1 Diffusion im Teilchenbild (THERM 4) 23
2.2 Ehrenfests Entropie-Spiel (THERM 5) 26
2.3 Übergang zu großen Teilchenzahlen (THERM 7) 30
2.4 Rückkehr zur Diffusion 32
2.5 Entropie und Boltzmann-Gleichung 34
2.6 Veranschaulichung der Entropie und ihrer wichtigsten Eigenschaften 38
2.7 Die beiden Hauptsätze der Wärmelehre; thermisches Gleichgewicht im abgeschlossenen System 41
2.8 Physikalisch-philosophische Betrachtungen 44
2.9 Skizze eines weitgehend qualitativen Kurzlehrgangs 46

3 Entropie bei Wärmekraftmaschinen 47

3.1 Bewährt sich die Entropie auch in der Technik? 47
3.2 Prinzip der Wärmekraftmaschinen (THERM 11) 47
3.3 Technische Wärmekraftmaschinen (THERM 11) 49
3.4 Heißluftmotor mit idealem Kreisprozeß (THERM 12) 52
3.5 Die Entropie bei Wärmekraftmaschinen 55
3.6 Umkehrung der Wärmekraftmaschinen; Kühlschrank 57
3.7 Der zweite Hauptsatz – technisch formuliert 59
3.8 Einfachster Kreisprozeß: Dampfdruckänderung 62
3.9 Entropie als Wertmaßstab für Energie; Exergie 63
3.10 Entropiezunahme, Irreversibilität, maximale Arbeit 65
3.11 Die Entropie als Herrin über Energie und Zeit 67
3.12 Entropie von Körpern 67
3.13 Die Enthalpie *H* 70

4 Entropie bei Phasenänderungen und in der Chemie 72

4.1 Entropie in unserer Welt 72
4.2 Ändern des Aggregatzustands; chemische Reaktionen 73
4.3 Die freie Enthalpie 75
4.4 Verdampfen und Schmelzen 79
4.5 Zur Thermodynamik chemischer Reaktionen 81
4.6 Vorgänge mit Misch-Entropie 84
4.7 Andere Prozeßbedingungen 88
4.8 Zur Auslegung chemischer Reaktionen 89
4.9 Gummi-Kraft als Entropie-Kraft; adiabatische Abkühlung zum absoluten Nullpunkt 90
4.10 Gibbs-Helmholtz-Differential-Gleichung; Dritter Hauptsatz der Thermodynamik 92

5 Synergetik – Die Lehre vom Zusammenwirken 95

5.1 Einführung 95
5.2 „Ordnung" entsteht nach zwei Prinzipien 95
5.3 Der selbsterregte Dynamo als Beispiel 96
5.4 Woher rühren die Verzögerungen beim Stromanstieg? 97
5.5 Nichtlineare Differentialgleichungen 98
5.6 Ergebnis der Simulation 99
5.7 Versklavung in der Simulation 100
5.8 Das mathematische Vorgehen der Synergetik 101
5.9 Suche nach dem Instabilitätspunkt F_{kr} 101
5.10 Lineare Stabilitätsanalyse 102
5.11 Das Versklavungsprinzip schafft Ordnung 103
5.12 Potentialkurve, Symmetrie-Brechung, Bifurkation 105
5.13 CHAOS bei zwei gekoppelten Dynamos (Rikitake-Modell für Erdmagnetismus) 107
5.14 Der Laser 109
5.15 Allgemeine Synergetik – Theorie 110

6 Anhang 112

6.1 Zum Entropiespiel 112
6.2 Entropie als Datenmenge und Information 113
6.3 Zum Massenwirkungsgesetz der Chemie 116
6.4 Dreidimensionale Maxwell-Verteilung und Programm 118
6.5 Ergänzungen zum Dynamo 118

Literatur 120

1 Der 1. Hauptsatz der Thermodynamik

1.1 Energievergeudung bei irreversiblen Prozessen

(1) Wo wird im Alltag wertvolle Energie vergeudet? Automotoren setzen die chemische Energie der Brennstoffe in kinetische Energie (*W*) des Fahrzeugs um. Diese geht in innere Energie (*U*) der Bremsanlage über und kriecht von dort als Wärme (*Q*) in die Umgebung. Energie als solche kann zwar nicht verloren gehen; doch bringen selbst glühende Bremsen das Fahrzeug nicht wieder in Gang. Die wertvolle Energie des teuren Brennstoffs wurde **entwertet**. Man kann dies nicht mehr rückgängig machen und sagt, solche Prozesse seien **irreversibel**.

Offensichtlich ist es nicht immer möglich, die bei der hohen Temperatur bestehende ungeordnete Molekülbewegung in eine geordnete überzuführen. Doch dürfen wir es uns damit nicht zu leicht machen. In Verbrennungsmotoren wandelt sich nämlich ein Teil der ungeordneten Teilchenbewegung der heißen Verbrennungsgase in „geordnete" makroskopische Bewegungsenergie des Fahrzeugs um. Wir werden das ziemlich vage Begriffspaar *„Ordnung-Unordnung"* mit dem *Entropiebegriff* quantitativ präzisieren (Seite 40).

Elektrische Bahnen vermindern die in Reibungsbremsen unvermeidliche und irreversible Energieentwertung, wenn sie mit dem als Generator geschalteten Motor bremsen. Dieser wandelt die kinetische Energie der Bahn wieder in elektrische zurück; damit ist der Vorgang im Prinzip **reversibel**, d. h. umkehrbar geworden, die Energieentwertung wurde reduziert. Elektrische und mechanische Energie lassen sich ohne Beschränkung in alle anderen Formen umwandeln; sie sind für uns wertvoller als die innere Energie heißer Körper oder als Wärme, die beim Heizen ins Freie entweicht. Bei allen irreversiblen Prozessen wird Energie vergeudet:

(2) Im Wasserfall wandelt das Wasser seine Höhenenergie in verstärkte Teilchenbewegung, also erhöhte innere Energie um; die Temperatur steigt. Unter dem Mikroskop kann man sie bei der *Brownschen Bewegung* erahnen.

(3) Der Sprung eines Sportlers vom 5 m-Turm sei auf ein Videoband aufgenommen. Läßt man es rückwärts laufen, so kehrt man den *Zeitpfeil* künstlich um. Doch erkennt jeder eine solche Umkehr als unmöglich! Die tägliche Erfahrung gab uns nämlich ein sicheres Gefühl für irreversible Vorgänge und die Unmöglichkeit ihrer Umkehr. Mit der Entropie schafft man sich den zugehörigen präzisen physikalischen Begriff (Seite 67).

(4) Beim Heizen geht wertvolle Energie, deren Beschaffung viel Geld kostet, in die kalte Winternacht. Dort nützt sie niemandem mehr. An sich hat auch kalte Winterluft selbst noch innere Energie. Da es sich um riesige Luftmengen handelt, ist draußen viel mehr innere Energie als im warmen Zimmer. Trotzdem erwartet niemand, daß diese Energie *freiwillig* von außen ins Zimmer strömt und dessen Temperatur erhöht, obwohl ein solcher Vorgang den Energieerhaltungssatz nicht verletzen würde. Wärmeleitungsprozesse sind im allgemeinen irreversibel (siehe Seite 40 und das Gegenstromprinzip Seite 66).

(5) Wärmepumpen können – allerdings mit Hilfe von elektrischer Energie – Wärme aus der kalten Umgebung ins Zimmer pumpen und dieses aufheizen. Sie veranlassen Wärme, von tieferer zu höherer Temperatur „aufzusteigen". Von selbst – also ohne daß sich sonst in der Natur etwas ändert – geschieht dies nicht; man braucht wertvolle Energie.

(6) Periodisch laufende „Wärmekraftmaschinen" gewinnen aus innerer Energie von höherer Temperatur wenigstens teilweise wertvolle mechanische Energie (Arbeit). Doch verläßt ein Teil die Maschine als fast *wertlose Abwärme* bei einer viel tieferen Temperatur (Seite 55).

Wertvolle Energieformen (mechanische und elektrische Energie) lassen sich vollständig in andere Formen umwandeln. Bei der weniger wertvollen inneren Energie von Körpern und bei Wärme gelingt dies in periodischen Wärmekraftmaschinen dagegen nur teilweise.
Bei irreversiblen Vorgängen wird Energie entwertet.

(7) *Energiekrise* bedeutet nicht eigentlich einen Mangel an Energie; Luft und Meerwasser speichern ungeheure Mengen an innerer Energie. Doch läßt sich damit wenig anfangen; sie ist für uns ziemlich wertlos. Wir suchen nach Möglichkeiten, die Entwertung von Energie so klein wie möglich zu halten. *Energiesparen* bedeutet: Man reduziert die irreversiblen Umwandlungen von hochwertigen in weniger wertvolle Energieformen.

A1. Aus welcher Höhe müßte Wasser frei herabstürzen, damit sich seine Temperatur letztlich um 1 Grad erhöht? Hängt diese mit der Wassermenge zusammen? Welche Idealisierungen legen Sie Ihrer Rechnung zugrunde?

A2. Hinter einer Mauer wirft jemand einen Stein und ein Heubündel in die Höhe. Sie sehen nur die geworfenen Gegenstände und filmen deren Bahn. Könnte man den Film rückwärts ablaufen lassen, ohne daß dies auffällt? Was ist anders als bei der Filmaufnahme eines Turmspringers? Welche Energieumwandlungen treten auf?

A3. Zählen Sie reversible und irreversible Vorgänge aus dem täglichen Leben auf! Diskutieren Sie die auftretenden Energieumwandlungen und den Rückwärtslauf von geeigneten Videoaufnahmen! Gibt es einen ideal reversiblen Vorgang (etwa in der Astronomie)?

A4. Zählen Sie alternative und regenerative Energiequellen auf. Sind damit reversible Vorgänge gemeint?

A5. Warum sind bei Bergbahnen elektrische Bremsen besonders günstig? Wo treten dabei irreversible Vorgänge auf? Könnte man sie beliebig verkleinern? Warum läßt sich ein Elektromotor auch als Generator einsetzen? Sind die zugrundeliegenden Gesetze reversibel?

A6. Jemand will am „Zeitpfeil drehen", indem er in den Gleichungen für Fall- und Wurfbewegungen t durch $-t$ ersetzt, also eine Bewegung in die Vergangenheit hinein konstruiert. Bleiben die Gleichungen anwendbar?

1.2 Lassen sich Irreversibilitäten mit Kraft oder mit Energie erklären?

Warum fließt Wasser den Bach hinab und unten „brav" weiter? Wer kausal denkt, betrachtet die Gewichtskraft des bergab fließenden Wassers. Wer der Energie den Vorzug gibt, sagt vielleicht, das Wasser strebe dabei dem Minimum seiner Höhenenergie zu. Zum Hochsteigen würde es ja wieder Energie brauchen.

Allerdings steigen stündlich im Meer Millionen Tonnen Wasser als Dampf freiwillig hoch in die Atmosphäre

- gegen ihre Gewichtskraft
- obwohl der Verdampfungsprozeß mit Abkühlung verbunden ist, also Wärme braucht.

Wer hier eine „Tendenz zur Energieabgabe" als allgemeines Naturgesetz anführt, sollte bedenken: Wenn das System „Wasser" einem solchen angeblich allgemeingültigen Gesetz folgen würde, so müßte ein anderes System die frei werdende Energie aufnehmen – also diesem Gesetz zuwider handeln. Die Energie ist ja an einen Erhaltungssatz gebunden; die „Bilanz" muß stimmen. – Wer die Kraft als letzte Kausalursache allen Geschehens ansieht, muß erklären, warum der Wasserdampf gegen seine Gewichtskraft hochsteigt (im Vakuum noch schneller als in Luft).

Man braucht also Naturgesetze und Begriffe, welche die *Richtung* der irreversiblen Naturvorgänge bestimmen – letztlich sind alle irreversibel. Um dies zu beschreiben, führte man im letzten Jahrhundert die **Entropie** ein. Sie befolgt ein universelles Naturgesetz mit einem eindeutigen Richtungssinn: Entropie kann nämlich zu- aber nicht abnehmen. Nur im reversiblen Fall – im Grunde stets ein Idealfall – bleibt sie konstant. Damit wird die Entropie eine wichtige Größe, welche sogar die Energie beherrscht (Seite 67).

Bevor wir uns ihr zuwenden, wollen wir zunächst den Erhaltungssatz für Energie durch Einbeziehen von Wärme Q und innerer Energie U präzisieren.

1.3 Der 1. Hauptsatz der Wärmelehre (Energiesatz)

(1) Arbeit W, Wärme Q, innere Energie U im Freihandversuch und modellmäßig gedeutet

Versuch 1: Man schiebt in die Glasspritze nach *Bild 1* den Kolben schnell ein, führt also die Arbeit W zu; das Thermoelement Th zeigt eine Temperaturzunahme.

a) *Energetisch betrachtet*: Der Kolben mit Querschnittsfläche A werde mit der Kraft F längs kleiner Wegstücke Δs verschoben. Dies führt dem Gas die Arbeit $W = F \cdot \Delta s$ *geordnet* zu. $\Delta s = s_2 - s_1$ sei dabei so klein, daß sich längs Δs der Druck $p = F/A$, also die Kraft $F = p \cdot A$, kaum ändern. Mit der Volumenänderung $\Delta V = A \cdot \Delta s$ wird nach $W = F \cdot \Delta s = p \cdot A \cdot \Delta s = p \cdot \Delta V$ diese **Volumenarbeit** $\boldsymbol{W = p \cdot \Delta V}$ einfach berechnet.

b) Ein *Modell*: Der Kolben kommt den ungeordnet aufprallenden Gasmolekülen entgegen; sie fliegen mit größerer Geschwindigkeit zurück (wie Bälle am Tennisschläger). Die zusätzliche Energie verteilt sich sofort auf alle Moleküle und verstärkt deren *ungeordnete* Bewegung. Die **innere Energie** U im Gas steigt um ΔU. Man versteht darunter die Gesamtenergie des Systems nach Abzug der kinetischen Energie $1/2\ m\ v_S^2$ seiner geordneten Schwerpunktbewegung mit der Geschwindigkeit v_S, der Höhen-(Lage-)Energie $G \cdot h$ und der Massenenergie $m \cdot c^2$.

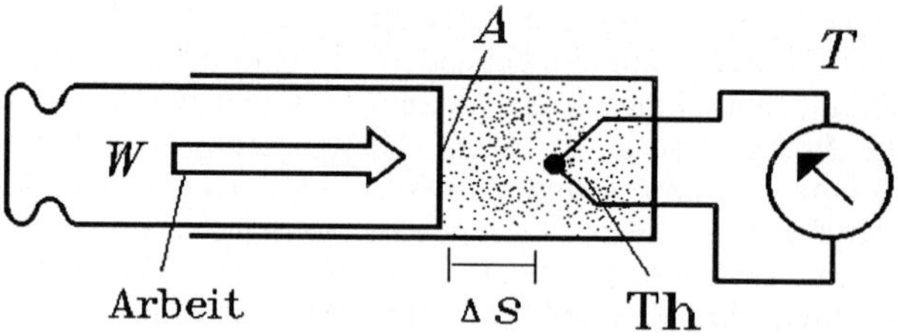

Bild 1 Glasspritze mit Thermoelement Th; bei Zufuhr der Arbeit $W = F \cdot \Delta s$ steigt die Temperatur T

c) Wenn wir den eingeschobenen Kolben festhalten, führen wir keine weitere Arbeit zu, entnehmen auch keine (Weg $\Delta s = 0$ m). Trotzdem sinken bei (b) Temperatur T und innere Energie U auf den Ausgangswert. Feine Thermometer zeigen eine Temperaturzunahme der Umgebung an.

Energetische Deutung: Ein Teil der inneren Energie U fließt in die Umgebung ab. Dies geschieht (klammheimlich) in Form von *Wärme* Q, und zwar wegen des Temperaturunterschieds zwischen Gas und Umgebung.

Modelldeutung: Die ungeordnete Bewegung der Gasmoleküle ist bei der höheren Temperatur stärker als die der Moleküle des Glaszylinders und der äußeren Luft und macht diese durch Stöße schneller. Die Gasmoleküle werden dafür im Mittel wieder langsamer.

d) Nun lassen wir den Kolben (Querschnittsfläche A) los. Er wird wegen des erhöhten Gasdrucks nach außen geschoben. Zu dieser Volumenänderung ΔV ist nach (a) die Volumenarbeit $W = p \cdot \Delta V$ gegen die Kraft $F = p \cdot A$ des äußeren Luftdrucks p nötig. Was geschieht dabei?

Modelldeutung: Die Gasmoleküle prallen vom zurückweichenden Kolben langsamer ab (wie ein Ball am zurückweichenden Schläger). So nimmt die Energie der Gasmoleküle ab, also die innere Energie U im Gas. Dessen Temperatur sinkt vorübergehend unter Zimmertemperatur. – Dabei kann sich der Kolben nur nach einer Richtung bewegen; er nimmt aus der ungeordneten Molekülbewegung nur Impulskomponenten dieser Richtung auf. So erhält er eine geordnete Bewegung. Im Gas stellt sich durch Molekülstöße sofort wieder eine völlig ungeordnete, wenn auch schwächere Bewegung ein. Doch nimmt das Gas bald wieder die Ausgangstemperatur an. Wärme strömt nämlich aus der Umgebung ein und erhöht die innere Energie U auf den Ausgangswert.

(2) Bei der Expansion gibt das Gas (etwa an die Hand) die Volumenarbeit $W = p \cdot \Delta V$ ab. Wenn sie das Gas durch von außen zufließende Wärme Q ersetzen kann, bleibt die Temperatur T (insgesamt) konstant; es liegt eine **isotherme Expansion** vor. Doch ist eine vorübergehende kleine Temperaturabsenkung zum Wärmefluß nötig und bestimmt dessen Geschwindigkeit. Bei der hier betrachteten Energiebilanz bleibt sie jedoch unbeachtet.

Arbeit $W = F \cdot \Delta s$ ist mit Hilfe von Kraft F längs eines Weges Δs (mechanisch) übertragene Energie (bei *geordneter* Bewegung eines Kolbens). **Bei kleinen Volumenänderungen ΔV ist die Volumenarbeit $W = p \cdot \Delta V$.**

Wärme Q ist thermisch übertragene Energie, bewirkt durch *ungeordnete* Molekülstöße oder durch Strahlung (etwa von der heißen Sonne). Ursache dafür ist stets ein *Temperaturunterschied.*

Die **innere Energie U** von Gasen kann um ΔU durch Arbeit W und/oder durch Wärme Q verändert werden. Wegen der Erhaltung der Energie gilt der **1. Hauptsatz der Wärmelehre** *(Bild 2):*

$$\Delta U = Q + W. \quad (1)$$

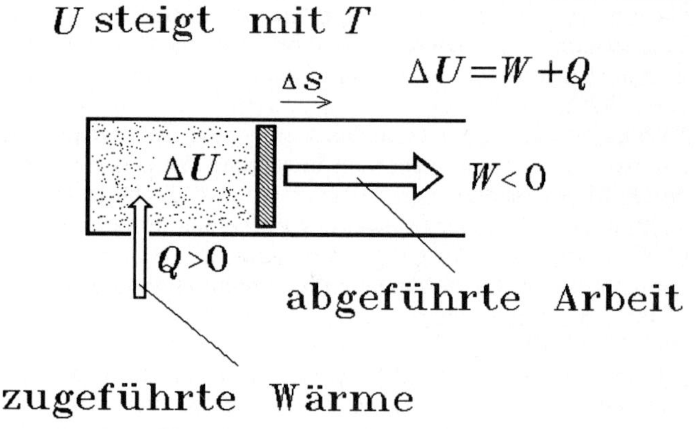

Bild 2 Vorzeichenregelung: Zugeführte Wärme $Q > 0$; entnommene Arbeit $W < 0$; die innere Energie U kann sich um $\Delta U = W + Q$ ändern

(3) Wichtige **Vorzeichenregelung**, heute in Physik, Chemie und Technik üblich:

Zugeführte Arbeit und Wärme bezeichnet man als *positiv* ($W > 0$ und $Q > 0$); beide erhöhen die innere Energie U des angesprochenen Systems; es gilt dabei $\Delta U = Q + W > 0$.

Abgeführte Arbeit und Wärme werden als negativ gezählt ($W < 0$ und $Q < 0$); sie erniedrigen die innere Energie nach $\Delta U = Q + W < 0$.

Wärme Q und Arbeit W bezeichnen eine übertragene Energie als solche; ein Änderungszeichen Δ ist unnötig und wäre sogar irreführend.

(4) Wenn wir den Kolben aus dem Zylinder ziehen, führt unsere Hand Arbeit zu. Doch wird dabei das Gas nicht wärmer, sondern kälter. Mit seinem Druck hilft es uns nämlich, die gegen den äußeren Luftdruck nötige Arbeit aufzubringen und verliert etwas an innerer Energie.

(5) Man beachte den *Bedeutungswandel des Wortes Wärme*: Ursprünglich beschrieb man damit den Wärmezustand, die Temperatur, gekennzeichnet durch „warm", „lau" und „kalt". Früher sagte man auch, heiße Körper würden mehr *Wärmestoff* enthalten als kalte. Zwar wurde vor 150 Jahren diese Vorstellung durch Einführen des Begriffs „innere Energie *U*" korrigiert, lebt aber immer noch unterschwellig in einem falschen Gebrauch des Wortes Wärme fort. Wärme bedeutet heute ausschließlich eine *wegen eines Temperaturunterschieds (thermisch) übertragene Energiemenge.* Sie „existiert" also nur beim *Übergang* zwischen Körpern.

(6) Entsprechend bezeichnet man mit dem Wort *Arbeit W* die mit Hilfe von Kraft übertragene Energiemenge als solche, nicht aber den *Vorgang* ihrer Übertragung, also eine Verrichtung. Wir sagen deshalb nicht, man verrichtet Arbeit, sondern man führt Arbeit zu oder man entnimmt Arbeit (bzw. Wärme). Arbeit ist in der Physik und erst recht in der Technik kein „Vorgang" an sich, sondern die genannte Energiemenge.

(7) Die innere Energie *U* kennzeichnet den vorliegenden *Zustand* des Körpers, ähnlich wie Temperatur, Druck und Volumen; *U* ist eine **Zustandsgröße**. Wärme *Q* und Arbeit *W* dagegen beschreiben die beim *Ändern solcher Zustände* nötigen Energiemengen. Wenn ein Gas im Zustand höherer Temperatur vorliegt, ist man sicher, daß es mehr an innerer Energie *U* besitzt als im kalten Zustand. Man braucht nicht mehr zu wissen, ob *U* mechanisch (durch eine Arbeitsportion *W*) oder thermisch (durch eine Wärmeportion *Q*) erhöht worden ist. *U* kann zu 70 % durch Wärme *Q* und zu 30 % durch Arbeit *W* erhöht worden sein – oder mit 40 % Arbeit und 60 % Wärme. *W* und *Q* sind also keine Zustandsgrößen, wohl aber ihre Summe $\Delta U = W + Q$ (THERM 2 und 3).

1.4 Ist die innere Energie von Preßluft wertvoller?

(1) Wird eine Stahlfeder unter Zufuhr von Arbeit *W* gespannt, so erhöht sich ihre innere Energie um $\Delta U = W$. Beim Entspannen gibt sie ΔU wieder in Form von Arbeit *W* ab. Was geschieht mit ΔU, wenn man die gespannte Feder in Säure löst, also keine Arbeit entnimmt? Versuche zeigen, daß dabei mehr Wärme *Q* frei wird als beim Auflösen der entspannten Feder; die innere Energie *U* wird durch Abgabe von Wärme *Q* statt von Arbeit *W* verkleinert. Mit diesem Verfahren kann man innere Spannungen in Stahl messen; Gummi dagegen verhält sich völlig anders; siehe Seite 90.

(2) Gilt ähnliches auch bei Preßluft? Wenn ein Fabrikant Luft in Flaschen preßt, steigen Temperatur *T* und innere Energie *U* der Luft durch Zufuhr der Arbeit *W* ($\Delta U = W > 0$;

Versuch 1a). Doch kühlt sich die Luft wieder auf Zimmertemperatur ab und gibt Energie als Wärme $Q < 0$ dem Fabrikanten zurück: $\Delta U = Q < 0$. Nimmt dabei die Preßluft – trotz ihres größeren Drucks – wieder die innere Energie U von Normalluft an? Hat Preßluft nur soviel innere Energie wie die Luft vorher?

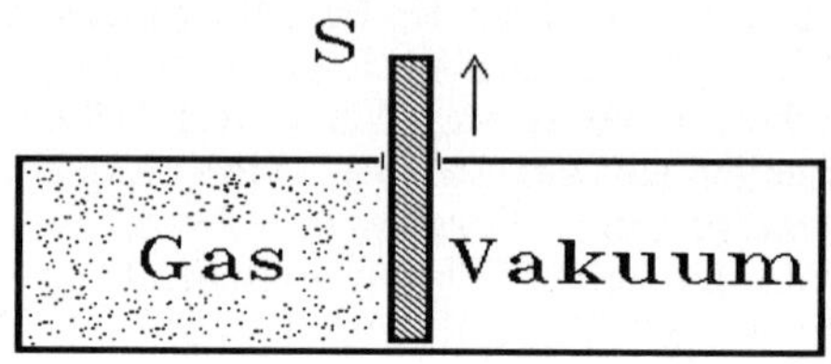

Bild 3 Zieht man S nach oben, so strömt das Gas ins Vakuum; Temperatur und innere Energie bleiben konstant

(3) Zur Klärung führte J. P. JOULE den Versuch nach *Bild 3* aus: Links ist ein komprimiertes Gas durch den Schieber S vom Vakuum rechts getrennt. Man zieht den Schieber S nach oben, ohne Arbeit zuzuführen ($W = 0$). Das Gas dehnt sich ins Vakuum hinein aus. Überraschenderweise sinkt seine Temperatur T nicht (im Gegensatz zu Versuch 1d; nur der Druck p sinkt;* lokale Temperaturänderungen gleichen sich schnell aus). Das Gas verschiebt keinen Kolben, es gibt keine Arbeit W ab. Da es die Außentemperatur behält, fließt auch keine Wärme Q von außen zu. Also bleibt nach *Gl. 1* die innere Energie U des Systems konstant: $\Delta U = W + Q = 0$.

*d.h. $p = \frac{U}{V}$, die Energiedichte sinkt; da aber das Volumen V größer wird, bleibt die innere Energie U dieselbe.

(4) Dies gilt aber nur für ideale Gase. Zwischen ihren Molekülen bestehen keine Anziehungskräfte. Die Moleküle in *Bild 3* fliegen beim Herausziehen des Schiebers auseinander, ohne durch solche Kräfte abgebremst zu werden. Der Druck nimmt nur deshalb ab, weil weniger Moleküle je Sekunde auf ein Flächenstück prallen, nicht aber weil sie langsamer geworden wären. Bei realen, leicht verflüssigbaren Gasen dagegen können Anziehungskräfte zwischen den Molekülen diese beim Auseinanderfliegen verlangsamen. Die Temperatur sinkt etwas, bis zufließende Wärme Q sie wieder herstellt.

> Die **innere Energie U einer idealen Gasmenge** hängt nur von der Temperatur T ab, nicht aber vom Druck p und vom Volumen V.

Versuch 2: Wir pressen in den Kessel einer Spielzeuglokomotive Preßluft statt Wasserdampf und warten, bis sie wieder die Umgebungstemperatur angenommen hat (an einem angehefteten Thermoelement nachweisbar). Dann lassen wir die Lok laufen. Die Kesseltemperatur sinkt. Ein

Teil der inneren Energie wird als Arbeit abgegeben. Später wird sie durch Wärme von außen wieder „aufgefüllt".

(5) Wer also Preßluft herstellt, erhält die zugeführte Kompressionsarbeit als Wärme wieder zurück. Mit der Preßluft verschickt er nicht mehr innere Energie als mit einer gleich großen Portion Normalluft. *Doch wird die innere Energie der Luft wertvoller* (Seite 67). Allerdings läßt sich die Preßluft auf zwei ganz verschiedene Arten entspannen, die wir streng auseinanderhalten müssen:

a) Im Preßlufthammer gibt die Luft vorübergehend einen Teil ihrer inneren Energie U als Arbeit $W < 0$ ab und vermindert ihre Temperatur ($\Delta U = W < 0$): Preßluftflaschen und Preßlufthämmer kühlen sich im Betrieb erheblich ab! Deshalb strömt die verlorene Energie der Preßluft in Form von Wärme $Q > 0$ aus der Umgebung wieder zu. Im Prinzip könnte man anschließend mit der gewonnenen Arbeit die Luft wieder komprimieren; diese Prozesse sind im Idealfall *reversibel.*

b) Öffnet man aber nur das Ventil der Flasche, so entspannt sich die Luft ohne Arbeit zu liefern. Sie kommt zwar in den gleichen Endzustand wie in (a). Doch ist der jetzige Prozeß *irreversibel*; die Kompressionsenergie wird beim Vorgang nach *Bild 3* vergeudet.

Dieses instruktive Beispiel wollen wir im folgenden quantitativ vertiefen, um später klären zu können, worin der Wert von Preßluft besteht (Seite 67). Analog, aber noch überraschender, sind entsprechende Vorgänge bei der Elastizität von Gummi (Seite 90).

1.5 Das p;V-Diagramm bei Einzelprozessen (THERM 2)

Programm THERM 2 führt das **p;V-Diagramm** ein: Hierzu simuliert es nach Tastendruck (v, V, t, T, p, P, q, Q) vier Zustandsänderungen für die Gasmenge $\mu = 1$ mol, und zwar kleinschrittig. Nach *Bild 4* ist im p;V-Diagramm der Druck p über dem Volumen V aufgetragen und die absolute Temperatur T angezeigt. Dabei wird die **allgemeine Gasgleichung** für die molare Gasmenge μ mit der **Gaskonstanten R = 8,314 J/(K · mol)** benutzt:

$$\boldsymbol{p} \cdot \boldsymbol{V} = \mu \cdot \boldsymbol{R} \cdot \boldsymbol{T}. \qquad (2)$$

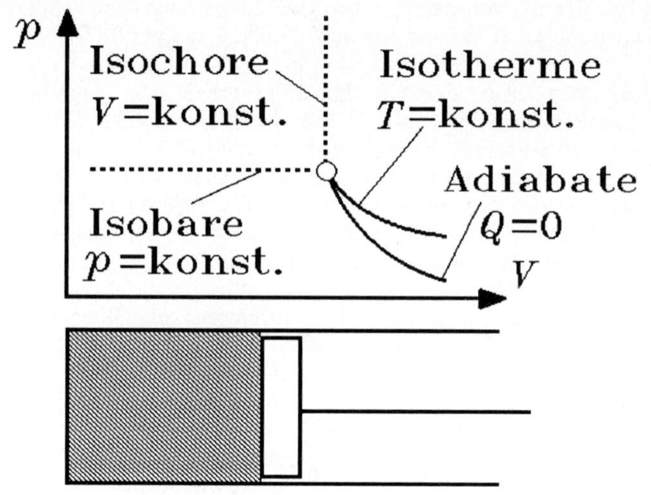

Bild 4 Kleine Schritte im p;V-Diagramm nach Druck der Tasten v, t, p, q oder V, T, P, Q; sie geben an, was jeweils konstant bleibt sowie die Schrittrichtung

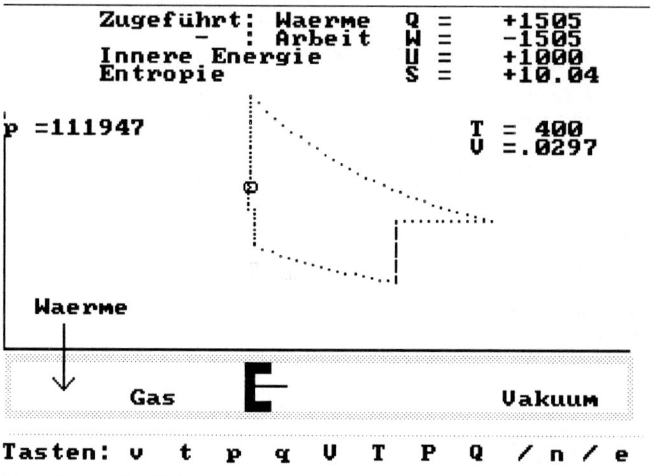

Bild 5 Mit den Tasten v, t, p, q usw. durchläuft man beliebige Wege im p;V-Diagramm. Doch nehmen nach einem Kreisprozeß *U* und *S* ihre Startwerte (1000 J und 10 J/K) wieder an; dann ist auch $W = -Q$, da $\Delta U = 0$. (<n> bedeutet Neustart; <e> Ende; mit F6 schaltet man Rechenhilfen aus, mit F5 wieder ein.)

Der Kolben (in *Bild 5* unten) veranschaulicht die Volumenänderungen. Die Werte für *T*, *V* und *p* werden berechnet und am Bildschirm *(Bild 5* oben rechts) ausgegeben, auf Wunsch auch *Q*, *W*, ΔU und für später auch die Entropie *S*. Man startet bei $T = 400$ K und $V = 0{,}03$ m³. Die folgenden Schritte können beliebig aufeinanderfolgen. Rechenhilfen gibt ein Bildschirmfenster (F5-Taste):

***V* = konst.; Isochore**: Mit der v-Taste erhöht man den Druck *p* und die Temperatur *T*, mit der V-Taste erniedrigt man beide. $\Delta T = \pm 10$ K ist vorgegeben. Wegen $\Delta V = 0$ wird auch $W = p \cdot \Delta V = 0$. Das Programm berechnet nach $Q = c_V \cdot m \cdot \Delta T$ die nötige Wärme mit $c_V = 10$ J/(K · mol). Die innere Energie *U* steigt wegen $W = 0$ um $\Delta U = W + Q = Q$, die Entropie um $\Delta S = Q/T$, da ΔT hinreichend klein ist.

T = konst.; Isotherme: Die t-Taste bewirkt $\Delta V > 0$, die T-Taste $\Delta V < 0$ mit $\Delta V = \pm 0{,}001\ m^3$. Mit $p = R \cdot T/V$ wird $W = -p \cdot \Delta V$; $Q = -W$; $\Delta S = Q/T$. Dieser wichtige Prozeß wird anschließend ausführlich besprochen. Die beiden folgenden Prozesse kann man dagegen übergehen.

p = konst.; Isobare: Die p- bzw. P-Taste bewirkt die Temperaturänderung $\Delta T = \pm 10$ K. Berechnet wird $\Delta V = R \cdot \Delta T/p$; $\Delta U = c_V \cdot m \cdot \Delta T$; $W = -p \cdot \Delta V$; $Q = \Delta U - W$; $\Delta S = Q/T$.

$Q = 0$; Adiabate: Mit q- bzw. Q-Taste; $\Delta T = \pm 5$ K vorgegeben. Wegen $Q = 0$ ist $\Delta U = c_V \cdot m \cdot \Delta T = W = -p \cdot \Delta V$; mit $\Delta V = -\Delta U/p$ folgt das neue Volumen $V_{n+1} = V_n + \Delta V$ und der neue Druck $p_{n+1} = R \cdot T/V_{n+1}$ (die Adiabatengleichung wird so kleinschrittig umgangen und nicht benötigt).

Nach einem **Kreisprozeß**, also einem beliebig geführten vollen Umlauf im p;V-Diagramm, erreichen die angezeigten Zustandsgrößen U und S wieder ihre Startwerte $U_0 = 1000$ J und $S_0 = 10$ J/K *(Bild 5)*. Dies gilt aber nicht für Q und W, die keine Zustandsgrößen sind. Vielmehr gilt bei jedem Umlauf $W = -Q$, d. h. $\Delta U = Q + W = 0$. Die Zustandsgröße U nimmt wieder ihren Startwert an.

1.6 Isotherme, reversible Zustandsänderungen

(1) Isotherme Expansion (T = konstant; $\Delta V > 0$): Wir betrachten Versuch 1 und die *Expansion* von Preßluft quantitativ (THERM 2): Die Luft links vom Kolben in *Bild 2* habe die Temperatur T und den Druck p. Die Kolbenfläche A erfährt die Kraft $F = p \cdot A$. Nun führt man dem Gas (durch eine vorübergehende kleine Temperaturerhöhung) die Wärme $Q > 0$ zu. Der Kolben verschiebt sich um die kleine Strecke $\Delta s > 0$ nach rechts; das Gasvolumen steigt um $\Delta V = A \cdot \Delta s > 0$. Das Gas gibt die **Volumenarbeit**

$$W = -F \cdot \Delta s = -p \cdot A \cdot \Delta s = -p \cdot \Delta V < 0 \qquad (3)$$

ab (vom Gas abgeführte Wärme- und Arbeitsmengen sind negativ). Wenn man dies hinreichend langsam ausführt, bleiben Temperatur T und innere Energie U praktisch konstant; es liegt eine **reversible, isotherme Expansion** vor. *Bei ihr wird die dem idealen Gas zugeführte Wärme $Q > 0$ sofort als gleich große Arbeit $W = -Q < 0$ abgeführt.* Die innere Energie U des idealen Gases ändert sich nicht. Es gilt ja $\Delta U = W + Q = W - W = 0$.

Beispiel (siehe THERM 2): In der Gasmenge $\mu = 10$ mol herrsche bei der Temperatur $T = 273$ K der Druck $p = 10\ \text{bar} = 10\,000\ \text{mbar} = 10\,000\ \text{cN/cm}^2 = 100\ \text{N/cm}^2 = 10^6\ \text{N/m}^2$. Ihr Volumen ist

$$V = \mu \cdot R \cdot T/p = 0{,}0227\ m^3 = 22{,}7\ dm^3.$$

Der Kolben mit Fläche $50\,cm^2$ erfährt die Kraft $F = p \cdot A = 100\,N/cm^2 \cdot 50\,cm^2 = 5000\,N$. Verschiebt er sich bei der isothermen Expansion um $\Delta s = 1\,cm = 0{,}01\,m > 0$ nach außen, so gibt das Gas die Volumenarbeit $W = -F \cdot \Delta s = -50\,J$ ab. (Δs ist gegenüber der Zylinderlänge von 454 cm so klein, daß p und F praktisch konstant bleiben).

Das Gas nimmt die Wärme $Q = -W = +50\,J > 0$ auf. Die (abgeführte) Arbeit ist $W = -50\,J$. Die innere Energie U ändert sich nicht: $\Delta U = Q + W = 50\,J - 50\,J = 0$.

Das Gasvolumen steigt um $\Delta V = A \cdot \Delta s = 50\,cm^3$. Mit ΔV berechnen wir künftig die Volumenarbeit einfach nach

$W = -p \cdot \Delta V = -100\,N/cm^2 \cdot 50\,cm^3 = -5000\,Ncm =$
$-50\,Nm = -50\,J$.

(2) Isotherme Kompression (T = konst; $\Delta V < 0$): Wir kehren das obige Beispiel um und komprimieren das Gas langsam um $\Delta V = -50\,cm^3$. Dazu führen wir die Volumenarbeit $W = -p \cdot \Delta V = +50\,J > 0$ zu. Es gibt die Wärme $Q = -W = -50\,J < 0$ ab (in *Bild 5* Pfeil unten links). Da T und U konstant bleiben, gilt auch bei dieser Kompression $\Delta U = Q + W = 0$. Isotherme Kompression wie Expansion erfolgen im Idealfall langsam, sind also umkehrbar, reversibel.

Bei der isothermen Kompression wird einem idealen Gas Energie als Volumenarbeit $W > 0$ zugeführt. Das Gas gibt sie vollständig als Wärme $Q < 0$ ab, ohne daß sich Temperatur und innere Energie U ändern.

Bei der isothermen, *reversiblen* Expansion eines idealen Gases wird die abgegebene Volumenarbeit $W < 0$ vollständig durch zufließende Wärme $Q > 0$ ersetzt.

Für Kompression wie reversible Expansion gilt:

$$\mathbf{W = -Q = -p \cdot \Delta V;\ U, T\ \text{konstant};\quad \Delta U = 0.} \quad (4)$$

Bei der *irreversiblen* Expansion ins Vakuum ändern sich innere Energie U und Temperatur T ebenfalls nicht. Doch wird keine Arbeit abgegeben und keine Wärme aufgenommen: $Q = W = 0$.

(3) Der isotherme Vorgang ist ein Wärmeübergang ohne (bleibende) Temperaturänderung. Die spezifische Wärme des Gases spielt also keine Rolle. – Die oft gehörte Aussage, man könne Wärme nicht vollständig in Arbeit umwandeln, gilt bei reversibler Expansion nicht; diese Aussage betrifft Kreisprozesse (Seite 49).

A1. Eine Fahrradpumpe hat die Querschnittsfläche 10 cm² und enthält 300 cm³ Luft von 1000 mbar und 20 °C.
a) Wie groß ist das Gasvolumen bei Normbedingungen (1013 mbar und 0 °C)? Welche Masse hat die Luft (Normdichte 1,293 g/dm³); wie groß ist ihre Stoffmenge (in mol; mittlere Molmasse 29 g/mol)?
b) Man schiebt den Kolben langsam um 1 cm ein. Um welchen Betrag steigt der Druck der eingeschlossenen Luft, wenn die Temperatur 20 °C bleibt?
c) Wie groß wäre die Kraft auf den Kolben, wenn auf der anderen Seite Vakuum wäre? Welche Volumenarbeit hat man aufgewandt (man rechne mit der mittleren Kraft)?

A2. Um wieviel % ändert sich der Gasdruck im Beispiel auf Seite 17 beim Verschieben des Kolbens um 1 cm?

1.7 Das p;V-Diagramm als Arbeitsdiagramm (THERM 3):

(1) Für isotherme Prozesse (T = konst.) vereinfacht sich *Gl. 2* zum Gesetz von Boyle und Mariotte:

$$p \cdot V = \mu \cdot R \cdot T = \text{konstant.}; \quad R = 8{,}314 \text{ J/(mol} \cdot \text{K)} \qquad (5)$$

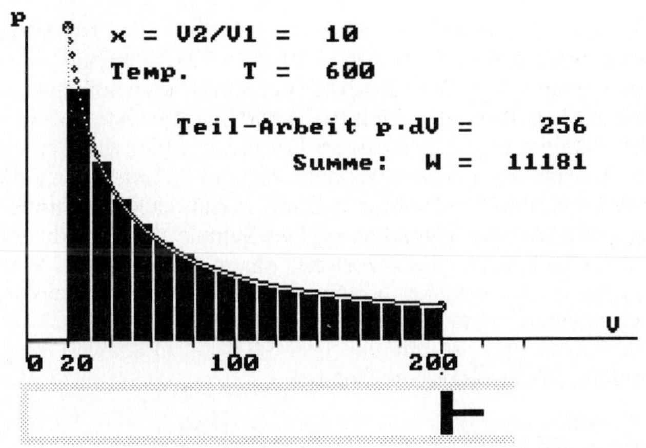

Bild 6 Das Gas dehnt sich bei T = 600 K von V_1 = 20 l auf $V_2 = x \cdot V_1$ = 200 l aus (x = 10). Die Teilarbeiten $p \cdot \Delta V$ werden summiert *(Tabelle 1)*. Im Grenzfall $\Delta V \to 0$ ist der Druck p im (schmalen) Intervall dV praktisch konstant. Für μ = 1 mol ist bei diesem isothermen Prozeß die Gesamtarbeit $W = R \cdot T \cdot \ln x$.

Danach sinkt bei Expansion der Druck p. Bewegt man den Kolben mit der Hand, so nimmt die Kraft von selbst ab. Dies beeinflußt die Volumenarbeit bei großen Volumenänderungen erheblich.

(2) *Bild 6* zeigt für isotherme Prozesse den Druck p über dem Volumen V. Es ist die Hyperbel $p = C/V$ mit $C = \mu \cdot R \cdot T$ = konstant. Man nennt solche p;V-Diagramme auch **Arbeitsdiagramme**. Zum Berechnen der Volumenarbeit zeichnet der Computer für den isothermen

Prozeß in Programm THERM 3 die zugehörige Hyperbel und darunter schmale senkrechte Streifen zunächst mit der Breite $\Delta V = 10\ m^3$ und der (mittleren) Höhe p. Deren Flächen $p \cdot \Delta V$ geben die Volumenarbeiten $W = -p \cdot \Delta V$ nach *Gl. 4* und die dafür zugeführten Wärmen $Q = -W = +p \cdot \Delta V$. Dies zeigen auch die Einheiten. Z. B. sei das Volumen mit dem Maßstab 1 cm entsprechend 1 m^3 nach rechts und der Druck mit 1 cm entsprechend 1 N/m^2 nach oben aufgetragen. Dann entspricht die Flächeneinheit 1 cm^2 der Arbeitseinheit 1 Nm = 1 J.

Streifen-breite ΔV	Arbeit W_{ges}	
		Gesamtarbeit W theoretisch:
$(V_2 - V_1)/9$	11306 J	
$(V_2 - V_1)/18$	11437 J	bei $T = 600$ K
$(V_2 - V_1)/36$	11473 J	und $\mu = 1$ mol
$(V_2 - V_1)/72$	11483 J	mit $R = 8{,}314$ J/(K mol):
$(V_2 - V_1)/144$	11485 J	
$(V_2 - V_1)/288$	11486 J	$\boldsymbol{W = \mu \cdot R \cdot T \cdot \ln (V_2/V_1)}$
		= 11486 J

Tabelle 1 Summe der Teilarbeiten bei fortgesetzter Verkleinerung der Streifenbreite ΔV im Arbeitsdiagramm nach *Bild 6*

(3) Im Gegensatz zu Seite 18 ist nun die isotherme Volumenänderung $V_2 - V_1$ groß (Startvolumen V_1, Endvolumen V_2). Der Computer berechnet nacheinander die dazwischen liegenden kleinen Teilarbeiten $p \cdot \Delta V$ und gibt ihre Summe an; man prüfe am Taschenrechner mit den im Bildfenster angegebenen Werten!. Gemäß *Tabelle 1* wird die Streifenbreite ΔV verkleinert. Dann passen sich die Streifen immer besser der Hyperbel an. Die Summe der Teilarbeiten konvergiert nach *Tabelle 1* zu einem bestimmten Wert (11486 J). Es ist die Volumenarbeit W für die molare Gasmenge $\mu = 1$ mol bei der Expansion von V_1 auf V_2. Nach *Gl. 4* kann man W mit $p = \mu \cdot R \cdot T/V$ als Grenzwert einer Summe, als Integral, berechnen zu

$$W = \int_0^W dW = -\int_{V_1}^{V_2} p \cdot dV = -\mu \cdot R \cdot T \int_{V_1}^{V_2} \frac{1}{V}\, dV = -\mu \cdot R \cdot T \cdot \ln \left(\frac{V_2}{V_1}\right) \qquad (6)$$

(4) Auch ohne Integralrechnung ist *Gl. 6* mit Hilfe der ln-Taste des Taschenrechners von Nutzen. Er liefert nämlich mit $y = \ln x$ und $x = V_2/V_1$ die Fläche unter der „Einheits"-Hyperbel $p \cdot V = 1$ J exakt im Bereich $V_1 ... V_2$. Dehnt sich das zugehörige Gas von V_1 auf das 5fache Volumen $V_2 = 5\ V_1$ aus, so ist x = 5. Die ln-Taste liefert ln 5 = 1,61. Die Fläche unter der Einheitshyperbel $\boldsymbol{p \cdot V = 1}$ **J** entspricht also 1,61 J. Bei beliebigen Gasen ist aber $p \cdot V = \mu \cdot R \cdot T$, nicht 1 J. Dann werden die Höhen der Flächen im p;V-Diagramm ($\mu \cdot R \cdot T$)fach. Mit ln x = 1,61 folgt gemäß *Gl. 6*

$W = -\mu \cdot R \cdot T \cdot 1{,}61$ und
$Q = -W = +\mu \cdot R \cdot T \cdot 1{,}61$.

Beispiel: Bei der konstanten Temperatur $T = 600$ K steige das Volumen von 1 mol Gases von $V_1 = 22{,}4$ l auf $V_2 = 224$ l, also auf das x = 10fache (p sinkt von $p_1 = 1\ \text{mol} \cdot R \cdot T/V_1 = 2{,}2 \cdot 10^5$ Pa auf $p_2 = p_1/10 = 2{,}2 \cdot 10^4$ Pa; man braucht aber hier p nicht). Mit $R = 8{,}314$ J/(mol · K) wird die abgeführte Volumenarbeit $W = 1\ \text{mol} \cdot R \cdot T \cdot \ln 10 = -11\,486\ \text{J} < 0$ (ln 10 = 2,3). Dies zeigt *Tabelle 1.*

Man beachte für später: Bei der halben absoluten Temperatur T sind der Druck $p = \mu \cdot R \cdot T/V$, die Teilarbeiten $p \cdot \Delta V$ und die Flächen im Arbeitsdiagramm unter der Hyperbel halbiert; es gilt $W \sim T$.

Zusatz: ln x ist ein Logarithmus; dies erkennt man an ln (a · b) = ln a + ln b: Wir tippen am Taschenrechner: ln 2 + ln 3 = 0,69 + 1,1 = 1,79 = ln 6. Weiter ist: $\ln a^N = N \cdot \ln a$, z. B. $\ln 2^3 = \ln 8 = 3 \cdot \ln 2 = 3 \cdot 0{,}69$.

Bei isothermen, *reversiblen* Volumenänderungen eines Gases liefert die Fläche unter der Hyperbel des p;V-Diagramms die am Gas umgesetzte Volumenarbeit W und damit auch die zugehörige Wärme $Q_{rev} = -W$.

Ändert man das Volumen eines idealen Gases isotherm und *reversibel* von V_1 auf V_2, so sind Volumenarbeit W und Wärme Q_{rev} der absoluten Temperatur T und der molaren Gasmenge μ proportional. Es gilt:

$$W = -Q_{rev} = -\mu \cdot R \cdot T \cdot \ln (V_2/V_1) \qquad (7)$$
$R = 8{,}314$ J/mol · K.

Bei *irreversibler* Ausdehnung sind $W = 0$ und $Q = 0$.

(5) Bei isothermer *Kompression* ist $V_2 < V_1$, $\ln (V_2/V_1) < 0$ und $W > 0$ (am Taschenrechner prüfen). Also wird Arbeit zu- und Wärme abgeführt ($W > 0$; $Q < 0$). Bei Expansion dagegen ist $V_2 > V_1$; $W < 0$; $Q > 0$.

(6) Während einer *irreversiblen Expansion* verwirbelt sich das Gas, der Druck p ist nicht genau angebbar. Man kann im p;V-Diagramm keine Hyperbel zwischen V_1 und V_2 zeichnen und *Gl. 7* nicht anwenden. Da kein Kolben verschoben wird, wissen wir aber, daß Volumenarbeit $W = 0$ und Wärme $Q = 0$ sind.

(7) *Gl. 7* brauchen wir zur quantitativen Einführung der Entropie. Wer dabei ohne den Logarithmus auskommen will (Seite 46), muß nur beachten, daß der aus Meßdaten berechnete Quotient Q_{rev}/T bei einer bestimmten Gasmenge μ von der Volumenzunahme (V_2/V_1) bestimmt ist: Vergrößert man das Volumen von V_1 auf V_2 bei der doppelten Temperatur T, so sind $p = \mu \cdot R \cdot T/V$ und die Arbeitsbeträge längs dem p;V-Diagramm auch doppelt, damit auch die Wärme Q_{rev}; der Quotient Q_{rev}/T dagegen ändert sich nicht. Man braucht dann nur mit *Gl. 10* von Seite 34 zu vergleichen und die dort über Ω gemachten qualitativen Aussagen auf die meßbare Größe $\Delta S = Q_{rev}/T$ zu übertragen. So lassen sich die Vorgänge in Wärmekraftmaschinen auch quantitativ behandeln (Weiteres Seite 46).

A1. Bestimme die Gaskonstante R für Stickstoff der Stoffmenge 1 mol, also $m = 28$ g (Dichte 1,27 g/dm^3 bei Normbedingungen: $p = 1013$ mbar und 0 °C). Gilt dieser Wert auch für Wasserstoff (dessen Dichte ist viel kleiner)? Berechne R beim doppelten Druck, aber der gleichen Temperatur, und beim doppelten Druck und der 5fachen Temperatur. Erhält man andere Werte? Was bedeutet also das Wort „Gaskonstante"?

A2. a) Welche Arbeit braucht man, um in einer Flasche 1 kg Stickstoff bei 20 °C von 1 bar auf 100 bar isotherm zu komprimieren? Welche Wärme wird dabei frei? Was geschieht bei einer reversiblen, isothermen Entspannung, was bei einer irreversiblen Ausdehnung?
b) Vergleiche die in (a) umgesetzte Energie mit der in einem Autoakku (100 Ah bei 12 V; 1 Ah bedeutet: 1h lang kann man 1 A bei 12 V entnehmen). Was ist beim Akku prinzipiell anders als bei Preßluft?

A3. Wie sieht das Arbeitsdiagramm bei folgenden Prozessen aus (vergl. mit *Bild 4* und THERM 2):
a) isotherm (T = konst.)
b) isobar (p = konst.)
c) isochor (V = konst.)?
Wie lautet die Formel für die nötige Arbeit W?

2 Entropie – Zahl Ω möglicher Mikro-Zustände

2.1 Diffusion im Teilchenbild (THERM 4)

(1) Wir haben die isotherme Volumenänderung idealer Gase makroskopisch (phänomenologisch) betrachtet. Beim Ausdehnen nehmen die Teilchen einen größeren Raum in Anspruch, ohne ihre Geschwindigkeit zu ändern. THERM 4 versucht, einen solchen Vorgang zu simulieren *(Bild 7, 8)*. An sich sollte man die Stöße zwischen den Teilchen mit den Gesetzen der Mechanik streng kausal berechnen (Simulation der Maxwellschen Geschwindigkeitsverteilung in THERM 16). Bei der großen Teilchenzahl schaffen dies auch sehr schnelle Rechner nicht. Wir wollen es auch gar nicht! Schon mit dem Energieerhaltungssatz haben wir ja die oft mühsame **Kausalstrategie** zugunsten des **Bilanzdenkens** verlassen; wir verzichten auf die Verfolgung von *Kausalketten*. Auch die Natur selbst zwingt uns dazu. Die grundlegenden Gesetze des Mikrokosmos sind nämlich nach den Unbestimmtheitsrelationen quantentheoretisch bestimmt, also nicht mehr kausal. Aber auch schon im klassischen Bereich zeigt die Chaosforschung wegen der exponentiellen Fehlerfortpflanzung, daß sich hier Kausalketten nicht mehr sinnvoll verfolgen lassen, selbst wenn sie von den Naturgesetzen her noch bestünden.

Diese kausalfreie Sichtweise legt es nahe, den Zufallsgenerator zu benutzen. Mit seiner Hilfe wird im 1. Teil von THERM 4 die zufallsbedingte (stochastische) Bewegung *eines* Teilchens demonstriert, sozusagen die Torkelbewegung eines Betrunkenen *(Bild 7a)*.

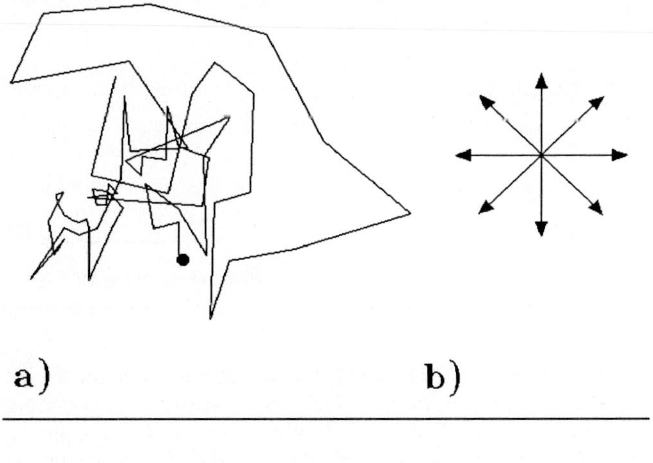

Bild 7 a) Diffusion eines Einzelteilchens (Torkelbewegung eines Betrunkenen); b) die 8 Verschiebungsrichtungen in der Zeichenebene hier und in *Bild 8*

Bild 8 Nach Wegnahme der gestrichelten Trennwand diffundieren $n = 200$ durch Zeichen unterscheidbare Teilchen nach rechts; oben die Teilchenzahlen in der linken und rechten Hälfte zur Zeit t; zeitliche Entwicklung in *Bild 9;* n zwischen 1 und 200 wählbar

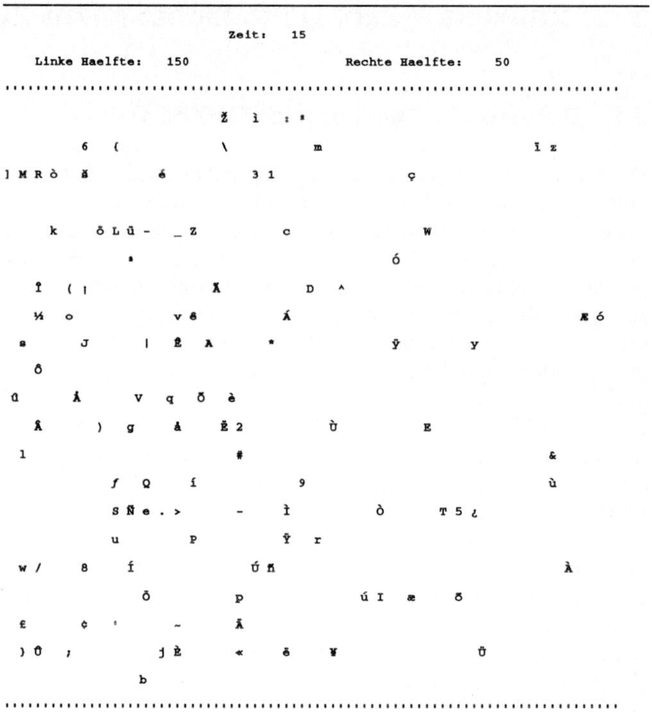

Bild 9 Die Teilchenzahlen der linken und rechten Hälfte in *Bild 8* nähern sich der Gleichverteilung 1:1 an, schwanken aber stochastisch

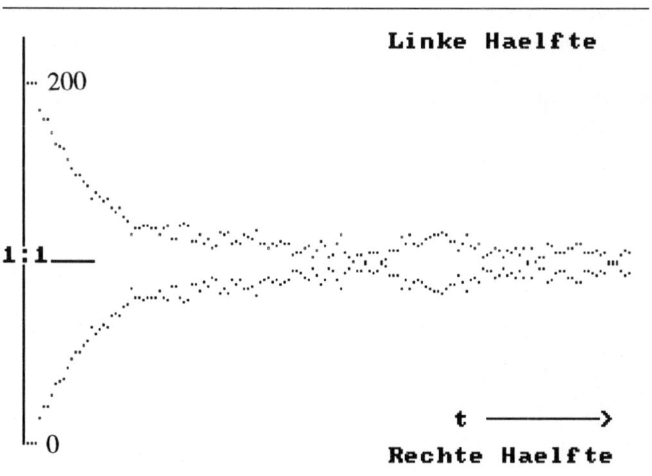

Im 2. Teil von THERM 4 (*Bild 8*) werden in gleicher Weise 1...200 unterscheidbare Teilchen völlig unabhängig voneinander vom Zufall nach einer der 8 Richtungen in *Bild 7b* gestoßen. Ähnlich machen es die Wassermoleküle der Milch mit den Fetttröpfchen. Die Tröpfchen „wissen" dabei nichts voneinander; sie kommen ja kaum miteinander in Kontakt. Wir simulieren hier also die **Brownsche Bewegung** oder einen **Diffusionsvorgang**, etwa von

Duftstoffen, rein stochastisch. Letztlich muß die Erfahrung darüber entscheiden, ob dieses Abrücken vom Kausalprinzip der Natur gerecht wird.

(2) Zu Beginn halten sich die 200 Tröpfchen nur in der linken Hälfte auf. Öffnet man die Trennwand, so verteilen sie sich über beide Hälften etwa gleichmäßig, obwohl jedes Tröpfchen von den umgebenden Wassermolekülen *mit gleicher Wahrscheinlichkeit nach links wie nach rechts gestoßen* wird. Reflexionen an den Rändern sind sofort wieder „vergessen". Impuls, den die Tröpfchen von der Wand aufnehmen, geben sie sofort an die Wasserteilchen weiter. Warum nehmen trotzdem die links gestarteten Tröpfchen nach einiger Zeit den ganzen Raum gleichmäßig ein? Allerdings ist dies (in Übereinstimmung mit Experimenten zur Brownschen Bewegung) kein strenges Gesetz: Die vom Computer ausgegebenen Tröpfchenzahlen für die linke wie die rechte Hälfte schwanken bei $Z = 200$ Teilchen um die Gleichverteilung 100:100 = 1:1 *(Bild 9)*.

(3) Das Programm THERM 8 überträgt diesen Gedanken von Teilchen auf **Energieportionen** *(Bild 10)*. Dort sitzen oben wie unten 50 „Atome" fest. Zu Beginn werden über die oberen 50 „Atome" bis zu 600 Energieportionen W_0 zufällig verteilt. Die sich ohne Trennfläche darunter anschließenden 50 „Atome" haben zunächst keine Energie ($T \approx 0$ K). Um zu simulieren, was bei der **Wärmeleitung** *etwa* geschehen *könnte*, verschiebt der Zufall den Energieanteil $k \cdot W_0$ von einem „Atom" mit der Energie W_0 auf eines der i. a. 8 Nachbar„atome". Der Faktor k schwankt stochastisch zwischen 0 und k_0; k_0 ist zwischen 0 und 1 vorwählbar. $k \cdot W_0$ wird jeweils ganzzahlig gemacht und vor dem Sprung angezeigt. Spender und Empfänger blinken, der Spender ist zusätzlich mit dem Stern * markiert. Zunächst betrachte man einzelne Vorgänge (Einzelhüpfen mit Funktionstaste F1). Dann schalte man auf „Dauerhüpfen" um (Taste F2). Die Energiesummen „Oben" wie „Unten" werden angezeigt und ihr Verlauf am Schluß als Diagramm ausgegeben *(Bild 11)*. Auch hier streben die Energiebeträge der Gleichverteilung zu und schwanken stochastisch. Ihre Summe (600) ändert sich in diesem *abgeschlossenen System* nicht. – Damit simulieren wir auch das wichtige **thermische Gleichgewicht**, das sich nach einiger Zeit von selbst in abgeschlossenen Systemen einstellt (Seite 42).

Bild 10 Sechshundert Energieportionen „diffundieren" von oben nach unten und nähern sich stochastisch einer Gleichverteilung gemäß *Bild 11* an

```
    6    2    6    11   7    3    19   4    5    2
         15   22   7    6    16   7    10   23   7
         6    4    3    11   11   24   6    9    2
    4    10   4    2    22   12   8    2    19   15      O b e n
    19   13   24   12   4    19   4    9    20   6
--- 5    9    5    3    4    5    5    3    13   5     ---------------
    3    6    0    1    5    2    1    2    1    3       U n t e n
    0    1    3    0    2    0    0    1    0    0
    1    1    5    0    0    0    0    0    0    0
    0    0    0    0    0    0    0    0    0    0
''''''''''''''''''''''''''''''''''''''''''''''''''''''''''''''''''''''''''''

              ENERGIE-SUMMEN:              Beim Start:


                 Oben : 498                Oben : 600
 Zugzahl:        Unten: 102                Unten: 0
 200 x 5        SUMME  : 600              SUMME   : 600


                 Taste!      F6: Dauerhuepfen
                 Uebertragene Energie:  1
                    (Spender mit *)


         Bei Dauerhuepfen: Summen nach je 200 Wuerfelungen
         Grafik der Summen oben/unten vor Neustart oder Ende
```

Bild 11 Auch die Annäherung an die Gleichverteilung in *Bild 10*, also an das thermische Gleichgewicht, ist von stochastischen Schwankungen überlagert

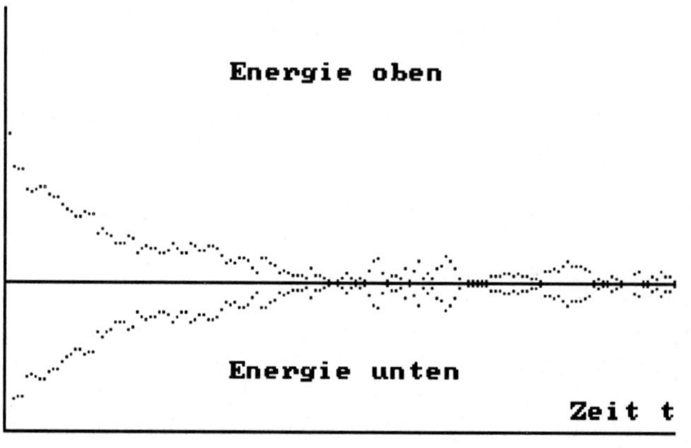

2.2 Ehrenfests Entropie-Spiel (THERM 5):

(1) Diskutieren wir all dies an einem einfachen Spiel, an dem sich EHRENFEST, SCHRÖDINGER, KOHLRAUSCH und viele andere mit der Entropie vertraut gemacht haben. C. F. VON WEIZSÄCKER widmet ihm 10 Seiten. Ausführlich ist es von G. HARSCH beschrieben (Lit. 4, 5, 6, 15). Wir ersetzen die beiden in *Bild 8* betrachteten Behälterhälften durch die Hunde H1 und H2, zwischen denen $Z = 6$ Flöhe A, B,..., F nach Lust und Laune hin und her hüpfen – unabhängig voneinander. Zur Einführung simulieren dies Schüler zunächst langsam mit einem Würfel und erwürfeln sich so einen Zugang zur modernen, stochastisch geprägten Physik:

Spielregel: Die $Z = 6$ Flöhe A,..., F sitzen zunächst auf H1. Der „erwürfelte" Floh wechselt zum jeweils andern Hund. Wie verteilt dabei der Zufall die Flöhe? Ist die Gleichverteilung 3:3 genau so häufig wie es die beiden extremen Verteilungen 0:6 und 6:0 sind, bei denen alle 6 Flöhe H1 bzw. H2 belästigen?

(2) Wir lassen das Spiel (in THERM 5 mit der F1-Taste für „Einzelhüpfen") zunächst langsam am Computer ausführen (In *Bild 12* sitzen die 3 Flöhe A, D und E auf H2). Dabei lernen wir drei Fundamentalbegriffe kennen:

Makro-Zustand: *Wieviele* Flöhe sitzen auf H1 bzw. H2?
Mikro-Zustand: *Welche* Flöhe sitzen auf H1 bzw. H2?
Wieviel Mikro-Zustände (Mikro-Möglichkeiten) Ω gibt es für einen bestimmten Makro-Zustand?

```
     A    B    C    D    E    F      Flohnamen

          Ø    Ø              Ø      Floehe auf Hund 1  (H1)

     Ø              Ø    Ø           Floehe auf Hund 2  (H2)

.............................................................................

0:6  1:5  2:4  3:3  4:2  5:1  6:0    Flohverteilung H1 : H2

68   361  909  1271 979  380  56     Wie oft trat sie bisher ein?

1.1  5.7  14.4 20   15.4 5.9  0.9    Anteil gewuerfelt (Ω exp.)

1    6    15   20   15   6    1      Anteil erwartet (Ω theor.)

                              Extremverteilungen 0:6 und 6:0
          Taste !             haben je nur Ω = 1 Moeglichkeit.
                         Bei 3:3 ist (wegen Theorie) Ω = 20 gesetzt
```

Bild 12 Die $Z = 6$ Flöhe A bis F hüpfen zwischen den Hunden H1 und H2. Die Zahl Ω der Mikro-Zustände, die für einen Makro-Zustand (z. B. zur Verteilung 4:2) bisher erwürfelt worden sind, wird angezeigt; ihr relativer Anteil wird mit dem theoretisch erwarteten verglichen (das Maximum bei 3:3 ist zu $\Omega = 20$ gesetzt)

Zunächst sitzen alle $Z = 6$ Flöhe oben auf H1; Hund H2 hat 0 Flöhe. Der Makro-Zustand ist also 6:0. Da dem Hund H1 die Reihenfolge seiner Flöhe gleichgültig ist, gibt es für diesen **Makro-Zustand** 6:0 nur **einen Mikro-Zustand (Ω = 1):** *Alle 6 Flöhe sind auf H1.*

Beim *1. Wurf* springt einer der $Z = 6$ Flöhe von H1 auf H2. Dafür gibt es $Z = 6$ Möglichkeiten, nämlich den Sprung von einem der 6 Flöhe A, B, C, D, E, F. **Zum Makro-Zustand 5:1 gehören $\Omega = Z = 6$ gleichwahrscheinliche Mikro-Zustände.** Die *Makro*-Zustände geben nur an, *wieviel* Flöhe auf H1 bzw. H2 sitzen; beim Abzählen der *Mikro*-Zustände wollen wir aber zwischen den Flohindividuen A...F unterscheiden und fragen, *welches* davon H1 bzw. H2 beißt. Wie in *Bild 8* betrachten wir ja nur den klassischen Fall von unterscheidbaren Teilchen.

Beim *2. Wurf* springe ein weiterer der 5 Flöhe, die auf Hund H1 verblieben sind, auf H2. Dafür gibt es $Z - 1 = 5$ Möglichkeiten, die zu jedem der $Z = 6$ obigen hinzutreten. Deren Zahl erhöht sich aber nicht auf $\Omega' = 6 \cdot 5$; denn mit der Zahl $6 \cdot 5 = 30$ wurde jeder Floh zweimal gezählt: Sprang erst C und dann E, so war die Sprungfolge C-E; sie hätte aber auch E-C sein können; folglich gilt:

Der Makro-Zustand 4:2 kann realisiert werden durch $\Omega = 6 \cdot 5/2 = 15$ gleichwahrscheinliche Mikro-Zustände.

Beim *3. Wurf* wechsle einer der 4 auf H1 verbliebenen Flöhe auf H2. Die Zahl $\Omega' = 6 \cdot 5$ steigt aber nicht auf $6 \cdot 5 \cdot 4$, sondern nur auf $6 \cdot 5 \cdot 4/(2 \cdot 3) = 20$. Springt nämlich jetzt D, so dürfen die drei gehüpften Flöhe C, D, E mit den Sprungfolgen C-D-E, C-E-D, D-C-E, D-E-C, E-C-D, E-D-C nicht $2 \cdot 3$mal = 6mal gezählt werden, sondern nur einmal.

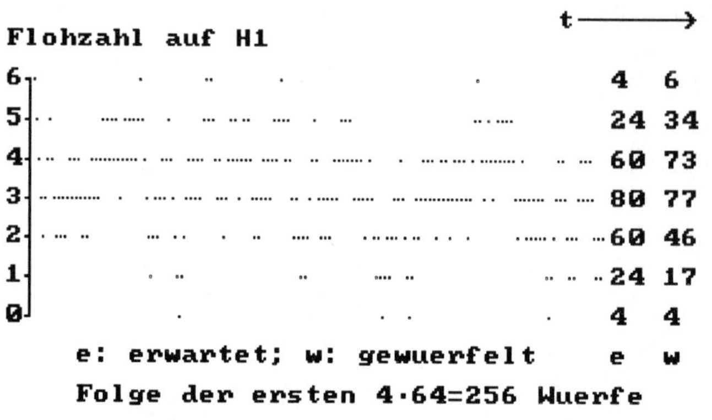

Bild 13 Zunächst (Punkt links oben) sind alle 6 Flöhe auf H1. Die Punkte zeigen die Flohzahl auf H1 bei den ersten $4 \cdot 64 = 256$ Würfen ($64 = 1 + 6 + 15 + 20 + 15 + 6 + 1 = 2^6$). Rechts stehen über „e" die Erwartungswerte ($4 \cdot 1$; $4 \cdot 6$; $4 \cdot 15$;$4 \cdot 20$), über „w" die tatsächlich erwürfelten Werte

Der Makro-Zustand 3 : 3 (Gleichverteilung) ist realisierbar durch $\Omega = 6 \cdot 5 \cdot 4/(2 \cdot 3) = 20$ Mikro-Zustände. Es gibt für ihn 20 verschiedene Möglichkeiten, wenn man die Flohnamen beachtet. Die hier geltende Binomialformel könnte mit Programm THERM 6 veranschaulicht werden. Die Rechnung nach Seite 32 mit beliebig vielen „Hunden" ist jedoch einfacher und für die Entropieeinführung viel wichtiger.

Geht man vom Makro-Zustand 0 : 6 aus (alle 6 auf H2 statt auf H1), so erkennt man die Symmetrie *(Tabelle 2*, Seite 30*)*. Auch dafür gibt es wie für 6 : 0 nur $\Omega = 1$ Mikro-Zustand.

(3) Nun lassen wir den Computer völlig blind würfeln (Taste F2; *Bild 12 und 13*). Trotz Unkenntnis der Binomialformel findet er schnell, daß die Gleichverteilung, d. h. der Makro-Zustand 3 : 3, etwa 20mal so häufig auftritt wie die beiden Extrem-Verteilungen 6 : 0 und 0 : 6, bei denen $\Omega = 1$ ist. Deshalb steht in der Zeile „Anteil gewürfelt" bei (3 : 3) $\Omega = 20$.

(4) Warum erwarten wir Gleichverteilung?

a) Läßt sich die Gleichverteilung kausal verstehen? Nehmen wir an, auf Hund H2 sitzen vier Flöhe, auf Hund H1 nur zwei. Dann ist es *doppelt so wahrscheinlich*, daß beim nächsten Wurf einer der 4 Flöhe von H2 nach H1 hüpfen wird als daß einer der 2 Flöhe von H1 nach H2 springt. Man erwartet Gleichverteilung (3 : 3), ist ihrer aber nicht sicher. Der Würfel verhält sich nämlich unberechenbar, akausal; er setzt bisweilen alle 6 Flöhe auf Hund H1 und auf H2 keinen (6 : 0) oder umgekehrt (0 : 6). Jeder Floh wird ja vom Würfel gleich gut bedient. Dies zwingt uns zur folgenden Betrachtungsweise, die zu Ende des letzten Jahrhunderts die Physik völlig umgestaltet hat:

b) Wir betrachten die Zahl Ω der gleichwahrscheinlichen Mikro-Zustände, durch die ein Makro-Zustand realisiert werden kann. Dabei sehen wir vom zeitlichen Nacheinander, also von der Reihenfolge der Mikro-Zustände in den einzelnen Würfelexperimenten, völlig ab. Vielmehr zählen wir nur ihre Häufigkeit. Bei diesem **Abzählverfahren** finden wir die Gleichverteilung 3 : 3 (etwa) 20mal so häufig wie jeden der beiden Extremfälle 0 : 6 und 6 : 0, für die ja **stets** $\boldsymbol{\Omega = 1}$ gilt (Strichhöhe in *Bild 14)*.

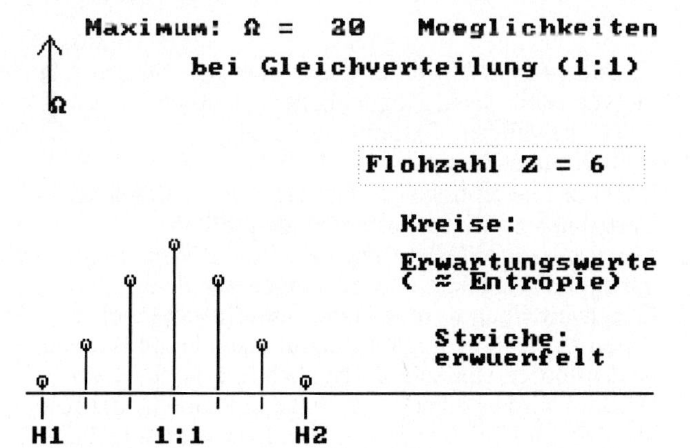

Bild 14 Bei $Z = 6$ Flöhen geben vertikale Striche die Zahl Ω der Mikro-Zustände an, die zu den einzelnen Makro-Zuständen gehören (links H1; 6 : 0); die Strichhöhe Ω ist später ein Maß für die Entropie $S = k \cdot \ln \Omega$

Wir verfolgen also keine Kausalketten, sondern suchen **Erwartungswerte Ω für unter sich gleichwahrscheinliche Zustände** (siehe auch Seite 44). Die Gleichverteilung hat den größten Erwartungswert (hier $\Omega = 20$). Für ihn gibt es am meisten Möglichkeiten, am meisten unter sich gleichwahrscheinliche Mikro-Zustände Ω. Der Einfachheit halber hat sich die Thermodynamik auf dieses Verfahren eingestellt; es macht zwar Angaben über die *Richtung* physikalischer und chemischer Prozesse, nicht aber über deren *Geschwindigkeit.*

2.3 Übergang zu großen Teilchenzahlen (THERM 7)

(1) Programm THERM 7 erwürfelt auch bei großen Teilchenzahlen Z (60 und 600) die Häufigkeiten Ω der verschiedenen Makro-Zustände (etwa von 30 : 30 oder von 270 : 330) (siehe *Tabelle 2).*

Teilchenzahl Z = 6							
6 : 0	5 : 1	4 : 2	**3 : 3**	2 : 4	1 : 5	0 : 6	
1	6	15	**20**	15	6	1	
Z = 60 (hier nur links vom Maximum)							
60 : 0	59 : 1	50 : 10	45 : 15	40 : 20	35 : 25	32 : 28	**30 : 30**
1	60	10^9	10^{13}	10^{15}	10^{16}	10^{17}	**$1{,}2 \cdot 10^{17}$**
Z = 600 (hier nur links vom Maximum)							
600 : 0	590 : 10	500 : 100	330 : 270	310 : 290	**300 : 300**		
1	10^{21}	10^{116}	10^{178}	10^{179}	**$1{,}4 \cdot 10^{179}$**		

Tabelle 2 Zahl Ω der Möglichkeiten bei Z = 6, 60, 600 Teilchen. An den Rändern {(6 : 0); (60 : 0); (600 : 0)} ist stets Ω = 1. Für Z = 60 und 600 wird Ω bei Gleichverteilung riesig, (10^{17} und 10^{179}), fällt aber seitlich um so schneller ab, je größer Z ist (Werte für Ω sind in THERM 7 für beliebige Verteilungen abrufbar)

Nach *Bild 14 und 15* gibt er durch vertikale Striche relative Werte von Ω für diese Möglichkeiten an. Auch hier ist Ω = 1 bei den jeweiligen Extremverteilungen {(6 : 0); (60 : 0); (600 : 0)}. Man erkennt:

- Bei Gleichverteilung (1 : 1) ist die Zahl Ω möglicher Verteilungen (Mikro-Zustände) am größten.
- Mit wachsender Teilchenzahl Z wird die Verteilungskurve höher und schlanker; Abweichungen von der Gleichverteilung werden immer unwahrscheinlicher.
- Sitzen zu Beginn alle Flöhe beim linken Hund H1, dann ist der dortige vertikale Strich noch sehr hoch. Beim Würfeln wird er schnell kürzer (Ω sinkt auf 1); die Kurve wandert zur Gleichverteilung hin. Dort warten ja die meisten Möglichkeiten.
- Wenn man mit einer andern Verteilung startet, z. B. mit der Gleichverteilung (1 vertikaler Strich bei 1 : 1), so zeigt

sich trotzdem das gleiche Endergebnis. An der Strichhöhe kann man also die in Ziffer 2.5 eingeführte Entropie $S = k \cdot \ln \Omega$ schon hier als Zustandsgröße ablesen.
– Hinter all dem steckt nur der Zufall, nicht etwa eine geheimnisvolle Kraft.

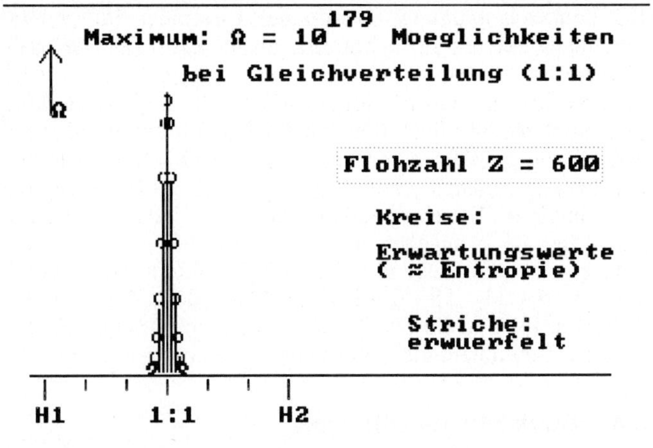

Bild 15 Relative Werte für Ω bei $Z = 600$ Flöhen als vertikale Striche; zum Maximum (Gleichverteilung 1 : 1) gibt es schon $\Omega \approx 10^{179}$ Möglichkeiten *(Tabelle 2)*

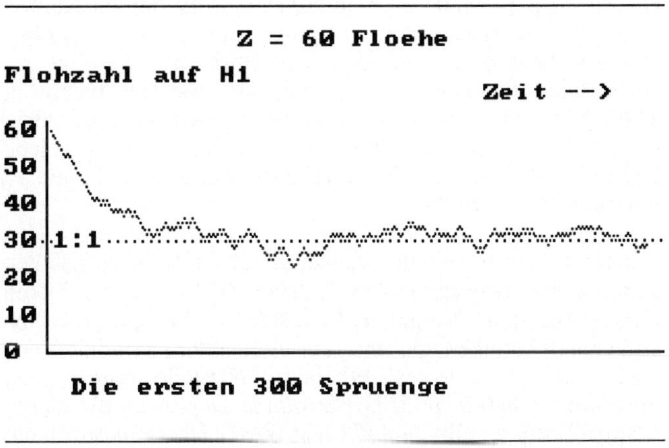

Bild 16 Stochastische Annäherung an die Gleichverteilung für $Z = 60$ Flöhe bei den ersten 300 Sprüngen; zunächst sitzen alle 60 Flöhe auf Hund H1

(2) Wir erweitern die Überlegungen nach Seite 27 von $Z = 6$ auf $Z = 600$ Teilchen und beginnen mit dem Makro-Zustand 600 : 0, also mit $\Omega = 1$. Beim 1. Wurf gibt es bereits $\Omega = Z = 600$ Möglichkeiten (statt $\Omega = 6$). Beim 2. Wurf ist $\Omega = 600 \cdot 599/2 = 179700$ (statt $6 \cdot 5/2 = 15$). Außerdem braucht man bei $Z = 600$ sehr viel mehr Würfe (mindestens 300 statt 3), bis die Gleichverteilung (300 : 300) zum ersten Mal eintreten kann. Die ihr zukommende Zahl Ω von Mikro-Zuständen steigt also ins Unvorstellbare: Nach Seite 112 (Anhang) gibt es bei $Z = 600$ Teilchen $\Omega = 1{,}4 \cdot 10^{179}$ (!) Möglichkeiten, die Gleichverteilung zu realisieren. Nach beiden Seiten hin nimmt ihre Zahl aber sehr schnell ab, und zwar stets auf $\Omega = 1$ (Berechnung in THERM 7 anfordern, Begründung THERM 6). Folglich haben Abweichungen von der Gleichverteilung bei großen Teilchenzahlen Z nur noch eine minimale Chance, eingenommen zu werden. Wir können praktisch mit Sicherheit erwarten, daß sich nach einiger Zeit diese Gleichverteilung einstellt, gleichgültig, von wo aus man startet. Die am Schirm beobachteten *Fluktuationen* werden um so kleiner, je größer die Teilchenzahl Z ist.

(3) *Veranschaulichung*: Würde der Computer in 1 s ·100 Positionen ausführen, so brauchte er bei $Z = 600$ etwa 10^{159} Weltalter (zu je 10^{18} s), um allein die 10^{179} gleichwahrscheinlichen Möglichkeiten für Gleichverteilung je einmal darzustellen. Bei den beiden Extremverteilungen 600 : 0 und 0 : 600 ist aber nach wie vor $\Omega = 1$. Man müßte bei $Z = 600$ Teilchen schon sehr lange warten, bis zufällig die ursprüngliche Extremverteilung 600 : 0 wieder hergestellt wäre. Bei $Z = 6$ dagegen tritt 6 : 0 schon bei etwa 1/64 der Würfe auf (die Summe aller Möglichkeiten ist nämlich $1 + 6 + 15 + 20 + 15 + 6 + 1 = 64 = 2^6$)! Bei den großen Teilchenzahlen in Gasen ($Z \approx 10^{23}$) wird die Gleichverteilung 1 : 1 zur Gewißheit, die Verteilungskurve unvorstellbar hoch!

2.4 Rückkehr zur Diffusion

(1) Die beiden Hunde H1 und H2 stellen die beiden Hälften eines Raumbereichs dar, zwischen denen sich Teilchen regellos bewegen. Um den Anschluß zur Realität zu verbessern, betrachten wir nochmals die Diffusion in THERM 4: Der Diffusionsraum ist an sich kontinuierlich. Um darin trotzdem abzählen zu können, haben wir jede Hälfte in $20 \cdot 20 = 400$ Zellen (Hunde) mit dem Volumen V_0 unterteilt (*Bild 8 und 17*).

Zunächst verteilt der Zufallsgenerator $Z = 100$ durch Zeichen voneinander unterscheidbare Teilchen (Flöhe) in der linken Hälfte mit dem Volumen $V_1 = 400\, V_0$. Da die Teilchen voneinander unabhängig und sehr klein sind, kann eine Zelle auch mehr als eines erhalten. Wieviele *unter sich gleichwahrscheinliche Mikro-Zustände* Ω gibt es für diesen Makro-Zustand „alles links"? Mit dieser Überlegung führen wir zur Entropie, insbesondere zu ihrer Messung.

Teilchen 1 (Floh A) hat $\Omega = 400$ gleichwahrscheinliche Möglichkeiten, sich in einer der 400 Zellen (Hunde) von V_1 aufzuhalten. *Bild 18* zeigt sie oben als 400^1 Striche. *Teilchen 2* hat auch 400 solche Möglichkeiten. Sie gesellen sich als gleichwahrscheinlich zu jeder der 400 Möglichkeiten von Teilchen 1. Deshalb zeichnen wir *zu jedem* der 400 Striche für Teilchen 1 noch 400 Verzweigungen für Teilchen 2. So erhalten wir ein *Baumdiagramm*. Bei $Z = 2$ zeigt es 400^2, bei $Z = 3$ schon 400^3 Möglichkeiten *(Bild 18)*. Bei $Z = 100$ Teilchen sind es gar $\Omega_1 = 400^Z = 400^{100}$ **gleichwahrscheinliche Mikro-Zustände**. Sie gehören zum Makro-Zustand „alles links". Wegen $V_1/V_0 = 400$ gilt in V_1

$$\Omega_1 = (V_1/V_0)^Z = 400^{100} \approx 10^{260}. \qquad (8)$$

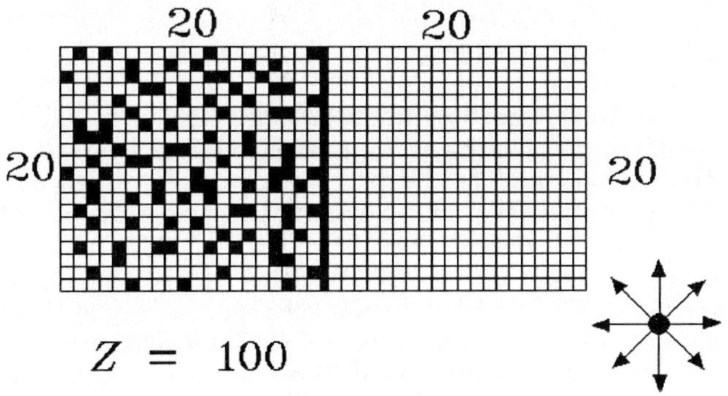

Bild 17 Einteilung des Diffusionsraums in 800 Volumenelemente V_0; Volumen jeder Hälfte $400 \cdot V_0$

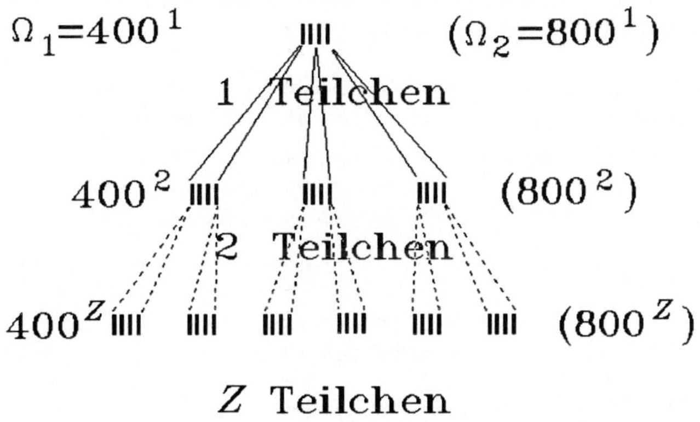

Bild 18 $Z = 100$ Teilchen werden auf 400 bzw. 800 Volumenelemente verteilt; Baumdiagramm zum Berechnen der Zahl Ω der zugehörigen Mikro-Zustände

Zunächst verschiebt der Computer die $Z = 100$ Teilchen blind nur im Volumen V_1. Selbst wenn er dabei in jeder Sekunde 100 verschiedene Verteilungen herstellte, müßte man 10^{258} s ≈ 10^{240} Weltalter zu je 10^{18} s warten, bis jede davon einmal aufgetreten wäre!

(2) Dann wird die Trennwand in *Bild 17* geöffnet. Die 100 Teilchen verteilt der Zufall über das doppelte Volumen V_2 mit insgesamt $V_2/V_0 = 800$ Plätzen. Auch hier wechselt der Mikro-Zustand ständig. Doch erhält jede Hälfte schließlich etwa gleich viele Teilchen. Gibt es im doppelten Volumen auch doppelt so viele Möglichkeiten Ω? Wir zählen ab:

Die Zahl $Z = 100$ der Teilchen ist geblieben. Der neue Verzweigungsbaum hat wiederum $Z = 100$ Verzweigungen, aber mit jeweils 800 (statt 400) Strichen. Die Zahl Ω der Mikro-Zustände ist also nicht etwa verdoppelt; sie stieg vielmehr unvorstellbar stärker an, nämlich von

$\Omega_1 = (V_1/V_0)^Z = 400^{100} \approx 10^{260}$ auf

$$\Omega_2 = (V_2/V_0)^Z = 800^{100} \approx 10^{290} \approx 10^{30} \cdot \Omega_1. \quad (9)$$

Im Quotienten

$$\Omega_2/\Omega_1 = (V_2/V_1)^Z \approx 10^{30} \tag{10}$$

tritt das Zellvolumen V_0 erfreulicherweise nicht mehr auf; wir konnten also V_0 beliebig wählen. Deshalb läßt sich mit *Gl. 10* die Entropie einführen. Vorher wollen wir die riesige Zahl 10^{30} veranschaulichen: Ein Supercomputer möge $\Omega_1 \approx 10^{260}$ nun in 1 s abarbeiten. Für die $\Omega_2 = 10^{290}$ Möglichkeiten braucht er dann 10^{30} s $\approx 10^{12}$ Weltalter (je 10^{18} s). Davon wären alle 100 Teilchen insgesamt aber nur 1 s lang in V_1; so unwahrscheinlich ist dies. Bei $Z = 10^{23}$ Gasmolekülen hat die Gleichverteilung vollends ein kaum noch zu erfassendes Übergewicht; sie erreicht den Rang praktischer Ausschließlichkeit. Merkliche Abweichungen davon haben keinerlei reale Chance mehr. Aus dem Zufall wurde praktisch Gewissheit (siehe Seite 44)!

(3) In *Bild 19* ist $\Omega_1 = \Omega_2 \cdot (V_1/V_2)^Z$ *(Gl. 10)* für verschiedene Teilchenzahlen Z (3, 10...3000) über V_1 aufgetragen. Zum Vergleich wurde Ω_2 zu 100% gesetzt. Man erkennt, daß schon bei $Z = 1000$ Teilchen ein geringfügiges Zurückziehen von $V_2 = 800$ auf $V_1 = 790$ äußerst unwahrscheinlich ist.

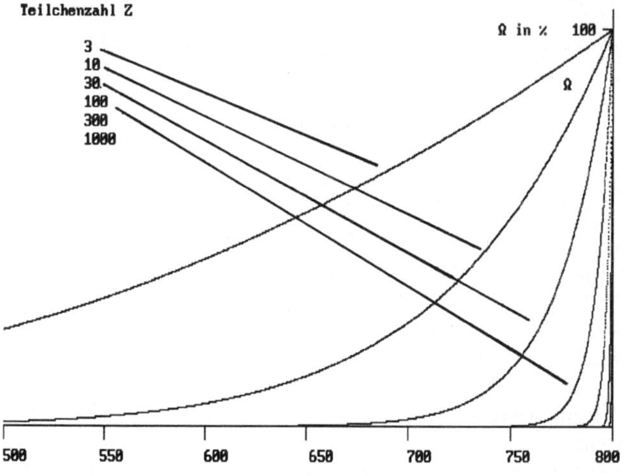

Bild 19 $\Omega_1 = \Omega_2 \cdot (V_1/V_2)^Z$ mit $\Omega_2 = 100\%$. Mit steigender Teilchenzahl Z wird ein Abweichen von Ω_2 (alle 800 Volumenkästchen besetzbar) immer unwahrscheinlicher (THERM 4)

2.5 Entropie und Boltzmann-Gleichung

Kann man die irrig großen Ω-Zahlen messen? Bewähren sich Zufallsgesetze in der Natur? War alles nur ein Spiel?

(1) Als Physiker müssen wir uns fragen, ob sich diese irrig großen Ω-Zahlen noch irgendwie messend erfassen lassen. Um sie „optisch" zu verkleinern, bilden wir zunächst von *Gl. 10* den Logarithmus (siehe auch Seite 116):

$$\ln(\Omega_2/\Omega_1) = \ln\{(V_2/V_1)^Z\} = Z \cdot \ln(V_2/V_1) \tag{11}$$

Schon wegen des auffallenden Logarithmus erkennen Schüler schnell den Zusammenhang mit der einem Gas isotherm und *reversibel* zugeführten Wärme nach *Gl. 7* $Q_{rev} = \mu \cdot R \cdot T \cdot \ln (V_2/V_1)$. So können sie die großartige Entdeckung BOLTZMANNs nachvollziehen. Gemäß dem Zustandsdenken haben wir oben nur die Zahlen Ω von Ausgangs- und Endzustand miteinander verglichen. Dabei war es gleichgültig, wie Teilchen die Seite wechselten. *Gl. 11* gilt also nicht nur für die langsame Diffusion, sondern auch für die schnelle isotherme Ausdehnung von Gasen (Seite 21). Die Thermodynamik fragt weniger nach Modalitäten von Prozessen (z. B. der Geschwindigkeit), sondern vor allem nach deren Richtung. So lassen sich viel kompliziertere Vorgänge erfassen als mit einer detaillierten Kausalbeschreibung. Letztlich rechtfertigt der Erfolg diese Beschränkung.

Wir setzen also *Gl. 11* in $Q_{rev} = \mu \cdot R \cdot T \cdot \ln (V_2/V_1)$ ein, dividieren durch T und sehen: Der bei *reversibler*, isothermer Expansion makroskopisch meßbare Quotient $\Delta S = Q_{rev}/T$ hängt mit der Zahl Ω der Mikro-Zustände zusammen. Bei solch einer Expansion steigt Ω von Ω_1 auf Ω_2. Für reversible Vorgänge – und nur für diese – gilt:

$$\Delta S = Q_{rev}/T = \mu \cdot R \cdot \ln (V_2/V_1) = (\mu \cdot R/Z)\{\ln (\Omega_2/\Omega_1)\}. \quad (12)$$

Nun ist die Stoffmenge μ der Quotient $\mu = Z/N_A$ aus Teilchenzahl Z im Gas und Avogadro-Konstanten $N_A = 6{,}03 \cdot 10^{23}$/mol. Damit folgt für die neue Größe ΔS (L. BOLTZMANN, 1885):

$$\Delta S = Q_{rev}/T = (R/N_A) \cdot \ln (\Omega_2/\Omega_1);\ \text{mit } k = R/N_A:$$
$$\Delta S = k \cdot \ln (\Omega_2/\Omega_1) = k \cdot \ln \Omega_2 - k \cdot \ln \Omega_1. \quad (13)$$

$k = \{8{,}314\ \text{J/(mol} \cdot \text{K)}\}/(6{,}02 \cdot 10^{23}/\text{mol}) = \mathbf{1{,}381 \cdot 10^{-23}\ J/K}$ nannte M. PLANCK die **Boltzmannkonstante**. Er vereinfachte mit der Festlegung $S = 0$ J/K bei $T = 0$ K (Seite 94) *Gl. 13* zur berühmten **Boltzmanngleichung:**

$$\mathbf{S = k \cdot \ln \Omega}. \quad (14)$$

(2) Makroskopisch mißt man die Änderung $\Delta S = Q_{rev}/T$ mit der bei T reversibel zugeführten Wärme Q_{rev}. Die überragende Bedeutung dieser Größe ΔS hatte 1864 R. CLAUSIUS erkannt; er nannte sie **Entropie** S (Übersetzungen wie „Wendegröße" sind kaum erhellend!). Der von BOLTZMANN gefundene Zusammenhang zwischen S und Ω *(Gl. 14)*, das **Boltzmannsche Prinzip,** gilt nun nicht nur im Spezialfall der isothermen und reversiblen Ausdehnung eines Gases. Wir haben damit einen *fundamentalen Zusammenhang zwischen Makro- und Mikrokosmos für die gesamte Naturwissenschaft.*

Je mehr Mikro-Zustände Ω zu einem Makro-Zustand gehören, desto wahrscheinlicher wird er eingenommen, desto größer ist seine Entropie $S = k \cdot \ln \Omega$. (15)

Nach *Bild 20a* führt man dem Gas mit der Wärme Q_{rev} die Entropie $\Delta S = Q_{rev}/T$ zu und erhöht damit die Zahl Ω der Mikrozustände, die sich im größeren Volumen V_2 „angesiedelt" haben, erheblich.

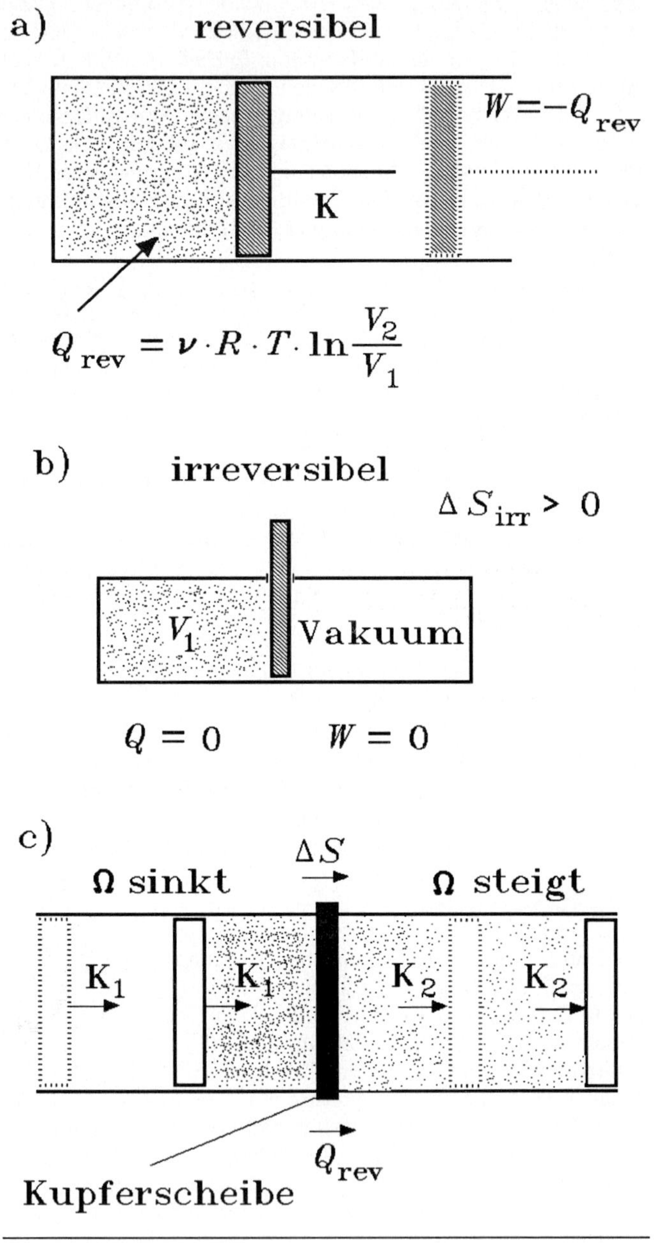

Bild 20 a) Mit der Wärme Q_{rev} fließt die Entropie $\Delta S = Q_{rev}/T$ dem Gas reversibel zu; der Kolben führt die Energie ab; die Entropie bleibt im Gas (mehr Ω's).
b) Bei der irreversiblen Ausdehnung (oder bei irreversibler Wärmeleitung) entsteht dagegen Entropie neu.
c) Mit dem Volumen nehmen links die Ω's und die Entropie ab; sie gelangen durch die gut leitende Kupferscheibe zusammen mit Wärme Q_{rev} ins vergrößerte Volumen des rechten Gases; dort steigt Ω.

Die von CLAUSIUS phänomenologisch definierte Entropie $\Delta S = Q_{rev}/T$ ist auf Zustände nahe dem thermischen Gleichgewicht beschränkt. Weitab davon – etwa in den von der Synergetik betrachteten offenen Systemen gilt nur die stochastisch definierte Entropie $S = k \cdot \ln \Omega$ (Lit. 18, Seite 29).

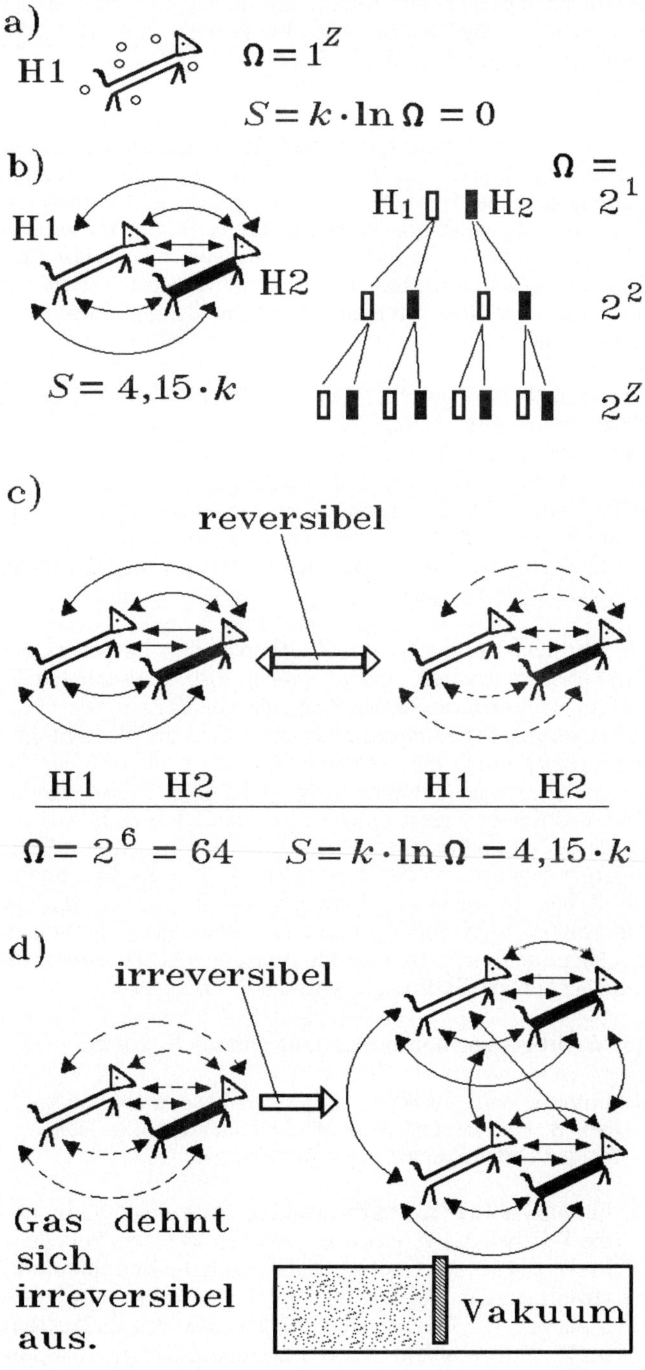

Bild 21 a) 6 Flöhe auf 1 Hund: $\Omega = 1$; $S = 0$;
b) 6 Flöhe, 2 Hunde: $S = k \cdot \ln 2^6 = 4{,}15\,k$, berechnet mit dem Baumdiagramm rechts.
c) Die Entropie $S = 4{,}15\,k$ geht reversibel und unverändert mit den Flöhen vom Hundepaar H1; H2 auf das Paar H3; H4 und zurück.
d) Veranschaulichung der irreversiblen Ausdehnung von 2^6 auf $4^6 = 1024$

2.6 Veranschaulichung der Entropie und ihrer wichtigsten Eigenschaften

(1) Wir betrachten Z Flöhe, die nur auf einem Hund H1 sitzen. Da ihm ihre Anordnung gleichgültig ist, gibt es nur $\Omega = 1$ Möglichkeit: Alle Flöhe sind auf H1! Die zugehörige Entropie ist $S = k \cdot \ln \Omega = 0$ *(Bild 21a).*

(2) Nach *Bild 21b* haben sich die $Z = 6$ Flöhe auf H1 und H2 verteilt. Das Baumdiagramm zeigt für diese großräumigere Verteilung $\Omega = 2^Z = 2^6 = 64$ Möglichkeiten; die Entropie stieg gegenüber **(1)** von 0 auf $S = k \cdot \ln 64 = 4{,}15\ k$ *irreversibel*; freiwillig gehen die Flöhe nicht dauernd auf H1 zurück. Das entspricht der *irreversiblen* Expansion eines Gases ins Vakuum *(Bild 20b)*. Dabei nimmt Ω genauso zu wie in *Bild 20a*, aber ohne daß man Wärme und damit Entropie zugeführt hat.

(3) Nach *Bild 21c* gesellen sich zu H1 und H2 mit 6 Flöhen 2 frisch gewaschene Hunde H3 und H4 ohne Flöhe. Ein Wind von links möge alle 6 Flöhe vom Paar (H1; H2) zum Paar (H3; H4) vertreiben. Die Flöhe nehmen dabei die Entropie $4{,}15\ k$ mit. – Ein Gegenwind kann die Flöhe und auch die Entropie $S = 4{,}15\ k$ wieder auf (H1; H2) zurücktreiben. Dieser Übergang ist *reversibel*; S bleibt dabei konstant. Dazu ein physikalisches Beispiel:

(4) Mit dem Kolben K_1 in *Bild 20c* reduziert man links das Gasvolumen isotherm und reversibel, also langsam von V_2 auf V_1 und auch die Mikro-Zustände von Ω_2 auf Ω_1. Diese gelangen mit der Kompressionswärme Q_{rev} und der Entropie $\Delta S = Q_{rev}/T$ durch die gut wärmeleitende Kupferscheibe ins rechte Gas; sein Volumen steigt. Die links „vertriebenen" Mikro-Zustände verschwinden also nicht. Vielmehr werden sie rechts im größer gewordenen Volumen „angesiedelt". Die Energie dagegen tritt rechts mit dem Kolben K_2 entropiefrei als Arbeit ab (nicht als Wärme; Arbeit ist wegen $Q_{rev} = 0$ entropiefrei; siehe unter (6) und auch Seite 48). Schiebt man K_2 langsam zurück, so wird der Ausgangszustand wieder reversibel hergestellt. Energie wird nicht vergeudet.

(5) Wichtiges zur stochastisch eingeführten Entropie:

1. Entropie wird mit Wärme Q_{rev} übertragen, nicht mit Arbeit W. Hier liegt der wesentliche Unterschied zwischen beiden Übertragungsformen der Energie.

2. Für die Zahl Ω der Mikro-Zustände ist es gleichgültig, ob die Teilchen das vergrößerte Volumen V_2 reversibel oder irreversibel besetzt haben; Ω und damit die Entropie sind jeweils um den gleichen Betrag $\Delta S = \mu \cdot R \cdot \ln (V_2/V_1)$ gestiegen. Die Entropie kennzeichnet also den Endzustand (in V_2) eindeutig und ist – wie die innere Energie U – eine **Zustandsgröße**, also unabhängig von der Prozeßführung.

3. Entropie kann in einem Körper „sein" (Seite 67); sie kann aber auch – zusammen mit Wärme Q_{rev} – von einem Körper auf einen andern übergehen. Wärme dagegen ist eine Übergangs-, keine Zustandsgröße.

4. Die makroskopische Größe $\Delta S = Q_{rev}/T$ wird durch den Index „rev" stark eingeschränkt – im Gegensatz zur mikroskopisch definierten Entropie $S = k \cdot \ln \Omega$: Um Änderungen der Zustandsgröße Entropie thermisch zu berechnen, muß man die Wärme Q_{rev} eines reversiblen Idealprozesses zwischen den beiden Zuständen betrachten. Bei der irreversiblen Gasexpansion wäre ja $Q_{irr} = 0$.

5. Bei der irreversiblen Gasexpansion wird wegen $Q_{irr} = 0$ von außen keine Entropie zugeführt. **Hier entsteht Entropie ΔS_{irr} neu**! Sie ließe sich zwar durch Eindrücken eines Kolbens zusammen mit Kompressionswärme in die Umgebung „pressen". **Doch läßt sie sich durch nichts mehr aus der Welt schaffen.**

(6) Bei **Reibung** führt man Arbeit (geordnet) ohne Entropie zu. Es gibt bei der mechanischen Verschiebung eines Kolbens mit 1 Freiheitsgrad sozusagen nur $\Omega = 1$ Möglichkeit. Zu mechanischer und elektrischer Arbeit gehört die Entropie $S = k \cdot \ln 1 = 0$. Entropie wird also mit Wärme, nicht aber mit mechanischer oder elektrischer Arbeit übertragen. – Beim Reiben kann die entstandene Wärme als Q_{rev} durchaus reversibel abfließen; die mitlaufende Entropie $\Delta S = Q_{rev}/T > 0$ ist aber neu gebildet. Reibungsvorgänge sind also insgesamt irreversibel; sie vergeuden wertvolle Energie (Seite 63).

Die Entropie $S = k \cdot \ln \Omega$ ist eine Zustandsgröße.
Bei **irreversiblen** Vorgängen entsteht Entropie neu, etwa bei Reibung. Dort ist $\Delta S_{irr} > 0$.
Bei reversiblen Prozessen bleibt S erhalten. Mit Arbeit wird keine Entropie übertragen.

(7) Die Flöhe in *Bild 21d* seien Energieportionen, die sich durch Leitung von einem Körper auf zwei verteilen. Die Temperatur T sinkt dabei erheblich, die Entropie S steigt. Ein sich anschließender reversibler Übergang nach *Bild 21c* zeigt, daß zu einer Wärme Q_{rev}, die bei niedrigerer Temperatur T übergeht, die größere Entropie $\Delta S = Q_{rev}/T$ gehört. Bei Wärmekraftmaschinen wird dies sehr wichtig (Seite 48).

(8) Man spricht von großer **Unordnung**, wenn es viele Möglichkeiten Ω gibt, einen dringend gesuchten Gegenstand zu finden. Diese beliebte Veranschaulichung der Entropie ist etwa beim Reiben nützlich, wo Unordnung und Entropie zunehmen. Jedoch gibt es dafür Grenzen: Bei hoher Temperatur wird man der Wärme Q_{rev} eine größere Unordnung zusprechen; die Entropie $\Delta S = Q_{rev}/T$ ist aber kleiner, die Wärme wertvoller. In Lasern nimmt die stochastisch definierte

Entropie zu, wenn der *geordnete* Zustand eintritt. Zudem ist dabei die phänomenologisch (makroskopisch) definierte Entropie nicht mehr anwendbar (Lit. 18, Seite 29 und 199).

(9) Wärmeleitung – reversibel oder nicht? Die bei Wärmeleitung je Sekunde übertretende Wärmemenge Q ist der Temperaturdifferenz $\Delta T = T_h - T_t$ zwischen heiß (T_h) und kalt (T_t) proportional: $Q \sim \Delta T$ (Newtonsches Abkühlungsgesetz); Wärme Q kann nur bei $\Delta T \neq 0$ übertreten. Nun verläßt mit der Wärme Q auch die Entropie $\Delta S_h = Q/T_h$ den heißen Körper. Während Q erhalten bleibt, nimmt die vom kälteren Körper ($T_t < T_h$) aufgenommene Entropie irreversibel zu auf $\Delta S_t = Q/T_t > Q/T_h$, also um

$$\Delta S_{irr} = Q \cdot (1/T_t - 1/T_h) = Q \cdot (T_h - T_t)/(T_h \cdot T_t) > 0. \qquad (16)$$

Bei Wärmeleitung mit *großer* Temperaturdifferenz $\Delta T = T_h - T_t$ entsteht also viel Entropie neu; hier ist die Wärmeleitung stark irreversibel. Bei *kleinen* Differenzen ΔT dagegen gilt $T_h \approx T_t \approx T$. Aus *Gl. 16* folgt $\Delta S \approx Q \cdot \Delta T/T^2$; $Q \sim \Delta T$ liefert $\Delta S \sim (\Delta T)^2$.

Sinkt die Temperaturdifferenz ΔT z. B. von 10 K auf 1 K, also auf 1/10, so auch die je Sekunde übertretende Wärme $Q \sim \Delta T$; die irreversibel entstandene Entropie dagegen sinkt auf 1/100. Berühren sich also zwei Körper unmittelbar, so ist i. a. der zum Wärmeübergang nötige Temperaturunterschied ΔT klein, erst recht die Entropiezunahme $\Delta S \sim (\Delta T)^2$. Der Wärmeübergang wird dann (hinreichend) reversibel, dafür leider auch sehr langsam (wegen $Q \sim \Delta T$). Ideale thermodynamische Maschinen laufen in der Praxis nicht!

Wärmeleitung bei großen Temperaturunterschieden ist ein irreversibler Vorgang und erzeugt viel Entropie ΔS_{irr} neu. Bei kleinen Temperaturunterschieden dagegen fließen Wärme Q_{rev} und Entropie $\Delta S = + Q_{rev}/T$ hinreichend reversibel von Körper zu Körper. Mechanische und elektrische Arbeit übertragen keine Entropie.

(10) Mit $\mu = Z/N_A$ und nach *Gl. 12* ist $\Delta S = \mathbf{Z} \cdot k \cdot \ln (V_2/V_1)$ proportional zur Teilchenzahl **Z** (bei gleichem V_2/V_1). Wie diese ist also die Entropie eine **Mengengröße**, nicht nur eine Zustandsgröße. Die Entropie kann konstant bleiben, aber auch wachsen. Insgesamt gesehen kann sie jedoch nicht abnehmen. – Der Logarithmus $\ln \Omega$ verkleinert die lästig großen Ω-Zahlen. Seine tiefere Bedeutung zeigt Seite 116.

(11) *Mögliche Mißverständnisse:* Man darf die Zahl Ω weder mit der Zahl der Volumenelemente V_0, noch der Zahl Z der Teilchen verwechseln. Ω ist die Zahl der Möglichkeiten, die den Z Teilchen offenstehen, wenn man sie auf die Volumenelemente aufteilt; Ω ist sehr viel größer als Z und die Zahl der Volumenelemente. Die Entropie $S = k \cdot \ln \Omega$ ist wie Ω im Grunde eine Zahl. Nach M. PLANCK darf man sie nicht mit Energie, also auch nicht mit Wärme, verwechseln.

Dies zeigt auch die Dimensionsanalyse von $\Delta S = Q_{rev}/T$: Die absolute Temperatur T hätte man als mittlere Energie je Atom auffassen können, mit der Einheit Joule/Zahl (Lit. 7). Dann wäre die Dimension der Entropie $[Q/T]$ = Joule/(Joule/Zahl) = Zahl. Dies gilt auch für die Boltzmann-Konstante k. Auf Seite 113 deuten wir die Entropie als Information mit der Zähleinheit 1 bit. Im Grunde kann man also Entropie „zählen". Wenn man dies beachtet (und nicht bei $\Delta S = Q_{rev}/T$ und der Einheit J/K stehen bleibt), wird die Entropie sehr anschaulich.

A1. a) Ein Körper K1 gibt bei $T_1 = 600$ K die Wärme $Q_1 = 6000$ J an einen andern K2 ab. Wie ändert sich die Entropie von K1? Was kann man über die Temperatur von K2 sagen, wenn der Vorgang (etwa) reversibel ist?
b) Ein Wärmebehälter verliert bei 120 °C die Wärme 1000 J durch Leitung an die Umgebung von – 10 °C. Welche Entropie nimmt die Umgebung auf?
c) Was wäre mit der Entropie, wenn in (b) die Wärme von selbst wieder zur höheren Temperatur aufstiege?

A2. Zählen Sie physikalische Größen auf und geben Sie an, ob es sich um Mengen- bzw. Zustandsgrößen handelt (Beispiele: Masse, Volumen, Temperatur, Gewichtskraft, Druck).

A3. a) 2 mol Gas werden bei 0 °C von 44,8 dm^3 auf 11,2 dm^3 isotherm komprimiert. Welche Arbeit ist nötig? Um wieviel ändert sich die Entropie des Gases? Was geschieht mit ihr? Wie ändert sich der Druck?
b) Das Gas kann sich anschließend wieder isotherm auf 44,8 dm^3 ausdehnen. Kann man sicher sagen, wie sich dabei die Entropie ändert und daß die in (a) aufgewandte Arbeit wieder frei wird?
c) Wie ändert sich in beiden Fällen die innere Energie?

2.7 Die beiden Hauptsätze der Wärmelehre; thermisches Gleichgewicht im abgeschlossenen System

(1) Wir formulieren nochmals den **ersten Hauptsatz** der Wärmelehre mit Hilfe des ihm gemäßen *Energie*begriffs:

a) **Offene Systeme** können ihre innere Energie um ΔU ändern, wenn Wärme Q oder Arbeit W aus der Umgebung zu- oder dorthin abfließt. Dann gilt: $\Delta U = W + Q$.
b) In **abgeschlossene Systeme** treten weder Wärme noch Arbeit über. Dort ist mit $W = 0$ und $Q = 0$ auch $\Delta U = 0$, d. h. die innere Energie konstant.

(2) Entsprechend wird mit der *Entropie* ein **zweiter Hauptsatz** der Wärmelehre formuliert:

a) Die Entropie eines **offenen Systems** kann reversibel durch Übertritt der Wärme Q_{rev} um $\Delta S = Q_{rev}/T$ zu- oder abnehmen.

Mit Arbeit (mechanisch oder elektrisch) geht dagegen keine Entropie über; mechanische wie elektrische Arbeit hat die Entropie $S = 0$. Im 2. Hauptsatz liegt der Unterschied zwischen Wärme und Arbeit.

b) Betrachten wir ein **abgeschlossenes System** (THERM 8; *Bild 8 bis 11*). Da es keine Wärme aufnimmt oder abgibt, kann in ihm die Entropie

- nur *irreversibel zunehmen*, sei es durch irreversible Ausdehnung, durch Reibung oder Wärmeleitung bei größeren Temperaturunterschieden im Innern: $\Delta S_{irr} > 0$.
- Die Entropie kann im abgeschlossenen System nicht abnehmen; freiwillig gibt die Natur das Maximum der eingenommenen Möglichkeiten Ω nur kurzzeitig im Rahmen stochastischer Fluktuationen preis. Bei makroskopischen Prozessen vernachlässigt man sie.
- Hat das abgeschlossene System das **Maximum Ω** seiner **Mikro-Zustände** erreicht, so verharrt es im sogenannten **thermischen Gleichgewicht**. Dort finden höchstens noch Fluktuationen statt, bekannt von der Brownschen Bewegung. Die Entropie bleibt praktisch konstant. Bei kleinen Teilchenzahlen gilt der 2. Hauptsatz nur beschränkt.

Natürlich kann auch in offenen Systemen Entropie irreversibel entstehen.

Das Streben der Entropie $S = k \cdot \ln \Omega$ beim Annähern an das Maximum im thermische Gleichgewicht zeigt der Start von Programm THERM 5. Im abgeschlossenen System hüpfen die zunächst nur H1 bevölkernden Flöhe zur Gleichverteilung (1 : 1) und bleiben dort mit geringen Schwankungen. Geht man jedoch von der Gleichverteilung aus, so stellt sich trotzdem die gleiche Verteilungskurve ein.

Eine häufige und überaus folgenreiche Formulierung des **2. Hauptsatzes** lautet für große Teilchenzahlen:

Die Entropie S eines abgeschlossenen Systems kann höchstens irreversibel zu-, nicht aber abnehmen. Für ihre Änderungen gilt

$$\Delta S_{irr} \geq 0. \qquad (17)$$

Im thermischen Gleichgewicht ist $S \approx$ konstant.

Die Annäherung an das Gleichgewicht erfolgt um so langsamer, je näher man ihm gekommen ist, je kleiner also die Temperaturunterschiede geworden sind. Dann wächst aber auch die Entropie kaum noch. Freiwillig ablaufende schnelle Vorgänge wie schnelle Phasenumwandlungen und chemische Reaktionen (Explosionen) finden also nicht im Gleichgewicht statt. – Nähert man sich diesem, so erhöht sich die Entropie irreversibel um $\Delta S_{irr} > 0$. Dabei wird (etwa durch Reibung) wertvolle Arbeit irreversibel vergeudet. Diese Überlegungen bestimmen chemische Reaktionen (Seite 76 und Seite 116).

(3) Maxwell-Dämon: MAXWELL warf die Frage auf, ob nicht ein kleiner Dämon das thermische Gleichgewicht überlisten könne. Dieser brauchte nur in der Mittelwand im Gas nach *Bild 17* kleine Ventilschleusen so anzubringen, daß nur die schnelleren Moleküle der linken Hälfte bei einem kräftigen Aufprall nach rechts gelangen, während den langsameren der Weg versperrt bleibt. Dann würde sich rechts *von selbst* eine höhere Temperatur einstellen, also eine Temperaturdifferenz, ohne daß sonst in der Natur eine Änderung einträte (Kühlschränke dagegen brauchen von außen Energie, um Temperaturdifferenzen zu erzeugen). In Umkehrung zur Wärmeleitung nähme im abgeschlossenen System die Entropie ab; der 2. Hauptsatz wäre verletzt.

Warum hat man solche Ventilschleusen noch nicht gebaut? Sie sollten in der Lage sein, die Geschwindigkeitsunterschiede der Moleküle zu registrieren, müßten also auch etwa Molekülgröße haben. Dann aber wären sie ebenfalls der stochastischen Molekularbewegung unterworfen. Solche Schleusen könnten deshalb – selbst wenn es sie gäbe – die schnellsten Moleküle nicht bevorzugt bedienen. Sie bewegten sich ja wie diese – und genauso schnell und unregelmäßig.

In Lebewesen können sogenannte aktive Membrane wunderbares vollbringen, z. B. Konzentrationsunterschiede herstellen und so die Entropie verkleinern. Doch geschieht dies nicht „von selbst". Diese aktiven Membrane brauchen eine ständige Energiezufuhr. Man könnte ja auch den Maxwell-Dämon mit raffinierten Lichtschranken und Relais ausstatten. Dazu sind aber Energiequellen nötig; sie könnten in einem abgeschlossenen System, für das wir den 2. Hauptsatz ausgesprochen haben, nicht beliebig lange tätig sein (Seite 73).

(4) Konstrukte, die den 2. Hauptsatz systematisch umgehen, ließen sich bislang nicht herstellen; man fand sie auch nicht in lebender Materie. Der 2. Hauptsatz, der den Wirkungsgrad von Wärmekraftmaschinen begrenzt (Seite 59), beruht also nicht auf technischen Schwierigkeiten, die man eines Tages vielleicht meistern könnte. Er folgt vielmehr aus der Tatsache, daß alle Apparate aus Molekülen bestehen, die an der thermischen Bewegung teilhaben. Der 2. Hauptsatz und die Entropie, damit auch der Unterschied zwischen Arbeit und Wärme, fußen auf der atomistischen Struktur der Materie. So beherrschen sie Natur und Technik (SMOLUCHOWSKI, 1912).

(5) Beispiele für Entropiezunahmen $\Delta S > 0$

Bild 22 zeigt für das Naturgeschehen wichtige Beispiele, in denen die Entropie (zumeist irreversibel) zunimmt. Sie sind in der Chemie überaus wichtig. Wir besprechen die drei letzten in Seite 79 bis 92. Im wesentlichen können wir diese Beispiele mit der Zunahme des Volumens oder der Teilchenzahl Z (Seite 40) unmittelbar erklären. Auf die mit Temperaturerhöhung verbundene Entropiezunahme von Körpern kann man diese Betrachtungsweise ebenfalls anwenden, wenn man sich vorstellt, daß es im sogenannten „Geschwindigkeitsraum der Moleküle" auch „quantisierte Kästchen" und damit eine „Volumenzunahme in erweitertem Sinne" gibt; die Begründung dazu liefert die Quantenphysik. Wir können von ihr absehen, da sich die Entropiezunahme der Körper bei Temperatursteigerung mit $\Delta S = Q_{rev}/T$ erklären und berechnen läßt (Seite 67).

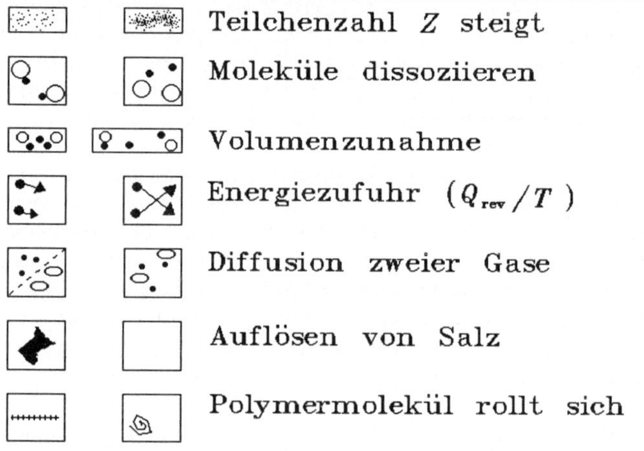

Bild 22 Wo nimmt die Entropie zu?

2.8 Physikalisch-philosophische Betrachtungen

(1) SOMMERFELD schreibt (Lit. 1, Seite 176): „Der Entropiebegriff, dieser Grundpfeiler der Thermodynamik, erweist sich im Boltzmannschen Prinzip als arithmetische Folge eines reinen *Abzählungsverfahrens*." Im ganzen Gasvolumen von *Bild 17* gibt es also für die Teilchen ungeheuer viel mehr gleichwahrscheinliche Mikro-Zustände Ω als in der linken Hälfte. Ein freiwilliger Rückzug dorthin wäre, wie wir sahen, ganz unwahrscheinlich; links gibt es viel zu wenig Mikro-Zustände; die Konkurrenz um die Gleichverteilung herum dominiert praktisch absolut. Die Zahlen in *Tabelle 2* und *Bild 19* erklären die scharfe Spitze von Ω. Doch ist dieser Rückzug (nach vielen Weltaltern) nicht ausgeschlossen. **Es gibt keine verborgene Kraft, die ihn sicher verhindert.**

(2) Wegen dieses „reinen Abzählverfahrens" ist im Grunde das Verhalten der Entropie viel selbstverständlicher als etwa die Energieerhaltung oder die Gravitation, die wir nicht so leicht begründen können. Dabei ist es für die Entropie selbst völlig gleichgültig, nach welchem Gesetz der zeitliche Ablauf erfolgt, der zum Maximum von Ω führt. Deshalb kann man mit Entropie nur Aussagen über den eingestellten Zustand – den wahrscheinlichsten – machen und vor allem über die Prozeßrichtung, in der er zu suchen ist. Es wird jedoch nichts über die Geschwindigkeit ausgesagt, mit der er sich einstellt, oder ob er durch eine Hemmung verzögert wird. Um einen Makro-Zustand mit Entropie zu beschreiben, reihen wir in Seite 29 sozusagen die zugehörigen gleichwahrscheinlichen Mikro-Zustände auf und bestimmten die Zahl Ω ihrer möglichen Realisierungen. Ω bestimmt über $S = k \cdot \ln \Omega$ die Zustandsgröße S. Wieder bewährt sich das Denken in Zuständen. Kausale Übergänge haben wir nicht betrachtet.

(3) Mit dem Boltzmann-Prinzip wurde ein entscheidender Schritt hin zur stochastisch geprägten *modernen Physik* getan. Viele (auch M. PLANCK) lehnten dies zunächst entschieden ab. Sie waren von der deterministischen klassischen Physik geprägt und überzeugt, daß die einzelnen Stoßprozesse zwischen Gasmolekülen durchgängig kausal bestimmt seien, auch wenn es zu mühsam ist, sie nachzurechnen. Man fragte z. B., ob der an sich seltene Ausgangszustand in *Bild 17* (alle Moleküle links) nicht doch einmal *naturnotwendig wiederkehren müsse* (Lit. 5, Seite 118). Das Boltzmann-Prinzip wurde aber ausnahmslos bestätigt. Diese Erfolge führten PLANCK, EINSTEIN und andere dazu, vom Boltzmann-Prinzip ausgehend **Quantenhypothesen** aufzustellen. Diese brachten die noch radikalere Abkehr vom Determinismus, da sie sogar Einzelvorgänge im Mikro-Geschehen streng mechanisch-kausalen Erklärungen entziehen. Physiker wissen seitdem, daß Wahrscheinlichkeitsaussagen dem Mikrokosmos gemäß sind. Die Erfahrung erwies sich stärker als liebgewordene Denkgewohnheiten. Dies alles bedeutet natürlich einen Verzicht an Kenntnissen über die Natur. Doch beschreibt nach Seite 115 gerade die Entropie diese fehlende Information!

(4) Was man als „gleichwahrscheinliche Mikro-Zustände" zu bezeichnen hat, wird von der Quantentheorie anders beurteilt als von der klassischen Physik. So kann man Quantenteilchen nicht als unterscheidbar betrachten (Gegensatz *Bild 8*). Das Boltzmann-Prinzip, also die Gleichung $S = k \cdot \ln \Omega$, besteht aber auch im Quantenbereich. Dort ist es sogar besonders überzeugend. So kann man die Größe V_0 der „quantisierten Kästchen" in *Gl. 8* klar angeben (Lit. 8, Seite 147).

(5) Schon BOLTZMANN stellte fest, daß in einem Gas **mikroskopisches Chaos** herrscht: Obwohl man dabei auf das Verfolgen von Mikro-Kausalketten verzichtet, sind bei großen Teilchenzahlen strenge Voraussagen des Makro-Zustandes möglich. So sind durch die Sätze der Thermodynamik Schmelz- und Siedepunkte exakt festgelegt (Seite 79 f.). Dagegen sind im makrokopischen, oder wie man häufiger sagt **deterministischen Chaos** (Seite 107; Lit. 22, Seite 128 ff.), auch bei wenigen Freiheitsgraden die Einzelvorgänge streng determiniert und können beliebig genau vorausgesagt werden. Dort wachsen kleinste Abweichungen in den Startbedingungen mit der Zeit exponentiell an. Voraussagen sind deshalb nicht möglich (Lit. 18, Seite 20).

2.9 Skizze eines qualitativen Kurzlehrgangs

Wir sehen den für die Energievergeudung wie die Entropie wichtigen Unterschied zwischen *reversibel* und *irreversibel* als unverzichtbaren Einstieg an. Auch auf die durch das Entropiespiel veranschaulichte stochastische Deutung sollte man nicht verzichten (Seite 23 bis 32 und die Programme THERM 2, 4, 5, 7, 8). Doch können alle mit Logarithmen behafteten Gleichungen entfallen, wenn man anschaulich plausibel macht, daß reversibel zugeführte Wärme Q_{rev} mit Q_{rev}/T ein Maß für die Zahl Ω der Mikro-Zustände, also für die „Unordnung" liefert (siehe Seite 21). Dies konnten wir ja schließlich auch nur an einem Beispiel, der isothermen Expansion zeigen; von der Wissenschaft wurde dieser Zuammenhang an zahllosen weiteren Beispielen aus Physik, Technik und Chemie bestätigt. Einige wenige davon sollen nun folgen. Die Veranschaulichungen auf Seite 36 bis 39 machen die Entropie, auch den Nenner T in der phänomenologischen Entropiegleichung $\Delta S = Q_{rev}/T$ verständlich. Diese Gleichung bewährt sich später bei den Wärmekraftmaschinen. Mit einem solchen Kurzlehrgang schafft man sich ein tragfähiges und anschauliches Fundament für die Rechnungen im Chemieunterricht. Wichtig ist dafür das qualitative *Bild 22*. Auch sollte man nicht auf die veranschaulichenden Zahlenbeispiele auf Seite 33 verzichten.

Energieübertragungskette von der Sonne bis zum Weltraum

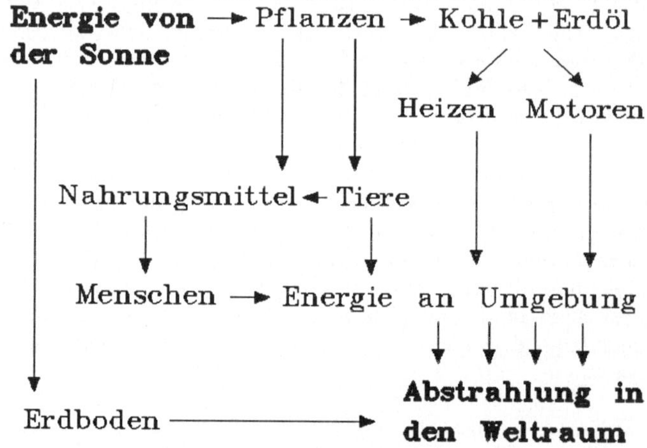

Als fächerübergreifender Einstieg kann die obige Energieübertragungskette dienen. Längs ihr bleibt die Energie erhalten (1. Haupsatz). Die Pfeile zeigen über ihn hinaus auf einen 2. Haupsatz, der *Irreversibilität* und *Energieentwertung* beschreibt. Er zeigt, daß man Energie nicht recyclen kann, es sei denn, man wendet so viel wertvolle Energie auf, daß insgesamt die Entwertung überwiegt.

3 Entropie bei Wärmekraftmaschinen

3.1 Bewährt sich die Entropie auch in der Technik?

(1) Eigenschaften der Entropie $S = k \cdot \ln \Omega$:

- Sie beschreibt die „Tendenz" eines Systems, den wahrscheinlichsten Makro-Zustand einzunehmen. Für ihn gibt es die meisten Mikro-Zustände Ω. Die Entropie strebt deshalb in abgeschlossenen Systemen irreversibel einem Maximum zu: $\mathbf{\Delta S_{irr} \geq 0}$.
- Änderungen der riesigen Ω-Zahlen werden durch die makroskopisch meßbare Größe $\Delta S = Q_{rev}/T$ bei *reversiblen* Wärmeübergängen ermittelt. Dabei verliert der eine Körper soviel an Entropie wie der andere gewinnt; die Gesamtentropie bleibt konstant.

(2) Bewähren sich diese – bisher nur an der isothermen Ausdehnung gewonnenen – Überlegungen allgemein, auch in der Technik? Wärmekraftmaschinen sollen die zugeführte Wärme Q möglichst vollständig in mechanische Arbeit W umwandeln, man sagt, vom „ungeordneten" in den „geordneten" Zustand. Seit 200 Jahren geben sich Techniker größte Mühe, den Wirkungsgrad η dieser Umwandlung zu steigern, um möglichst wenig Energie zu vergeuden. Wir fragen nun, ob die experimentell gefundenen Grenzen von η nur von technischen Unzulänglichkeiten herrühren, die man ausräumen könnte, oder ob sie von einem allgemeingültigen Naturgesetz endgültig festgelegt sind.

3.2 Prinzip der Wärmekraftmaschinen (THERM 11)

(1) Bei der isothermen, reversiblen Expansion eines Gases läßt sich im Prinzip eine beliebig große Wärmemenge Q vollständig in Arbeit umwandeln. Man braucht in *Bild 2* „nur" den Kolben beliebig weit nach außen zu schieben (V_2 in $W = -\mu \cdot R \cdot T \cdot \ln (V_2/V_1)$ beliebig groß). Doch sinkt dabei der Druck bald auf den äußeren Luftdruck; der Kolben bleibt stehen. Also hat es wenig Sinn, den Zylinder allzu lang zu machen. Vielmehr läßt man die Maschine **periodisch** arbeiten. Dazu muß man den Kolben wieder um die gleiche Wegstrecke zurückschieben. Würden dabei dieselben Kräfte auftreten, so wäre die gleiche Arbeit zuzuführen, die man vorher entnommen hat; nichts wäre gewonnen. Im Arbeitsdiagramm (*Bild 6*) würde die gleiche Hyperbel (mit gleicher Arbeitsfläche) hin und zurück durchlaufen.

Denn U soll ja konstant bleiben. Da V größer wird, muß $\frac{U}{V} = p$ kleiner werden.

(2) Betrachten wir die Energiebilanz einer Spielzeugdampfmaschine ganz ohne technische Zutaten (*Bild 23)*:

- Heißer Dampf führt dem Zylinder bei der hohen Temperatur T_h (373 K) die Wärme Q_h zu.
- Davon geht nur ein Teil als Nutzarbeit W ab.

- Den Rest $Q_t = Q_h - W$ erhält die Umgebung bei der tiefen Temperatur T_t mit dem „Abdampf" als Abwärme Q_t (mit Beträgen von Q gerechnet).

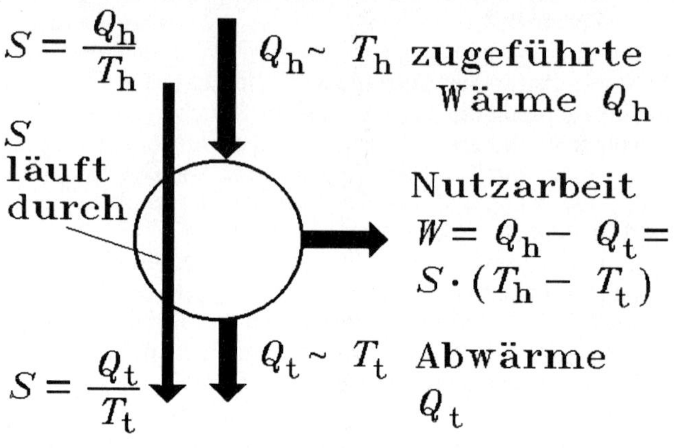

Bild 23 Bei T_h zugeführte Wärme Q_h teilt sich auf in die Nutzarbeit W und die bei T_t abgehende Abwärme Q_t; wegen $p \sim T$ gilt bei Gasen $Q_h \sim T_h$ und $Q_t \sim T_t$

Ähnliches geschieht im Automotor:
- Das explodierende Kraftstoff-Luft-Gemisch setzt bei der hohen Temperatur T_h die Energie Q_h frei.
- Davon geht die Nutzarbeit W an den Kolben und
- mit den Abgasen bei der tieferen Temperatur T_t die Abwärme $Q_t = Q_h - W$ ins Freie. Die Arbeit $W = Q_h - Q_t$ ist um die gesamte Abwärme Q_t kleiner als Q_h.

(3) Versuchen wir nun eine *reversibel* arbeitende **Idealmaschine** zu bauen: Wer mit Entropie vertraut ist, kann – ohne die oft sehr komplizierten technischen Einzelheiten zu beachten – sofort eine allgemeingültige *Bilanz* aufstellen (siehe Beispiel auf Seite 56):
- Mit Q_h führt man die Entropie $S_h = Q_h/T_h$ bei der hohen, konstanten Temperatur T_h zu (*Bild 23, links*).
- Mit der Abwärme Q_t geht die Entropie $S_t = Q_t/T_t$ ab.
- Die Arbeit W führt keine Entropie weg ($\Delta S_{Arbeit} = 0$).
- Im reversiblen Idealfall bleibt die Entropie erhalten, $S_h = Q_h/T_h$ und $S_t = Q_t/T_t$ sind gleich. Es gilt

$$Q_t/T_t = Q_h/T_h. \qquad (18)$$

Folglich beträgt die Abwärme

$$Q_t = Q_h \cdot T_t/T_h. \qquad (19)$$

Die aus vielen Gründen unerwünschte Abwärme Q_t ist zu T_t/T_h proportional. Deshalb will man die Wärme Q_h bei möglichst hoher Temperatur (T_h) zu- und bei tiefer (T_t) abführen. Man erzeugt einen möglichst heißen Dampf und eine hohe Verbrennungstemperatur im Motor und leitet die Abwärme bei möglichst tiefer Umgebungstemperatur T_t in kalte Flüsse oder in Kühltürme.

Als Differenz $W = Q_h - Q_t = Q_h \cdot (1 - T_t/T_h)$ zweigt man die entropiefreie **Nutzarbeit** W ab. Sie ist proportional zur zugeführten Wärme Q_h. Als Wirkungsgrad η der *reversibel* (umkehrbar) arbeitenden Idealmaschine bezeichnet man den von Q_h unabhängigen Quotienten

η = **Nutzarbeit/zugeführte Wärme =** W/Q_h

$$\eta = 1 - T_t/T_h < 1. \qquad (20)$$

η wird folglich um so größer, je kleiner der Quotient T_t/T_h ist. η wäre nur dann gleich 1 (100 % Wirkungsgrad), wenn als tiefste Temperatur der absolute Nullpunkt $T_t = 0$ K zur Verfügung stünde. Dann und nur dann könnte man in der *periodisch arbeitenden Maschine* alle zugeführte Wärme Q_h in Nutzarbeit umsetzen und Abwärme vermeiden. Würden wir dagegen die Abwärme schon bei $T_t = T_h$ abführen, so wäre $\eta = 0$ (Kolben in *Bild 24* heraus- und bei gleichem T wieder eingeschoben).

(4) Diese Aussagen zum Wirkungsgrad sind unabhängig von der speziellen technischen Ausführung, sofern diese hinreichend *reversibel* arbeitet. Sie gelten auch für Thermoelemente usw. Treten jedoch irgendwo *irreversible Entropiezunahmen* auf (Reibung, Wärmeleitung bei großer Temperaturdifferenz, Ausdehnung eines Gases ohne Arbeitsabgabe), so ist *aus rein technischen* Gründen der Wirkungsgrad η noch kleiner als nach *Gl. 20* für die reversible Idealmaschine. Dies folgt sofort aus *Gl. 18*, wenn man dort $Q_t/T_t > Q_h/T_h$ schreibt.

3.3 Technische Wärmekraftmaschinen

(1) Wem die obige allgemein gehaltene Herleitung genügt, mag auf Seite 55 fortfahren. Wir aber wollen hier an zwei Spezialfällen die Vorgänge bei technischen Maschinen mit Versuchen und Diagrammen und in der Simulation erläutern. Nach den allgemeingültigen Aussagen zur Entropie sollte sich *Gl. 20* bewähren.

(2) Versuch 3: 1. Takt: Luft vom Volumen V_1 ist in eine Glasspritze eingeschlossen. Wir halten den Kolben fest und tauchen sie in heißes Wasser (*Bild 24a*). Beim *konstanten Volumen* V_1 steigt der Druck p, die Temperatur erreicht T_h. Im Arbeitsdiagramm (*Bild 24b*) wird dies durch die vertikale Strecke 1-2 dargestellt. Dabei bleibt mit der Volumenänderung $\Delta V = 0$ auch die Arbeit $p \cdot \Delta V = 0$. Der Arbeits„streifen" $p \cdot \Delta V$ ist ein Strich ohne Fläche. Bei diesem 1. Takt wird die Wärme $Q_1 = c_V \cdot m \cdot (T_h - T_t)$ dem Gas ausschließlich zur Temperaturerhöhung zugeführt. Sie geht im 3. Takt wieder als Wärme $Q_3 = -Q_1$ ab (c_V: spezifische Wärme).

Im **2. Takt** dehnt sich die Luft bei der *konstanten Temperatur* T_h langsam auf das Volumen V_2 aus. Da der Gasdruck p

sinkt, spielt sich diese **isotherme** und **reversible Expansion** im Arbeitsdiagramm längs der bekannten Hyperbel 2-3 ab. Das heiße Wasser führt dem Gas bei der jetzt konstanten Temperatur T_h die Wärme Q_h zu. Diese Energie Q_h gibt das Gas vollständig als Arbeit $W_h = -Q_h < 0$ an den Kolben weiter. W_h und Q_h entsprechen der ganzen Fläche 2-3-B-A unter der Hyperbel.

Im **3. Takt** bringen wir die Spritze in kaltes Wasser und halten das Volumen V_2 konstant. Das Gas kühlt sich von T_h auf T_t ab; der Gasdruck p sinkt proportional zu T. Die im 1. Takt vom heißen Wasser zugeführte Wärme Q_1 wird als $-Q_3$ längs der vertikalen Strecke 3-4 vollständig an das kalte Wasser abgeführt (ΔT beidemal gleich). Wegen $\Delta V = 0$ ist auch längs 3-4 die umgesetzte Arbeit $p \cdot \Delta V = 0$.

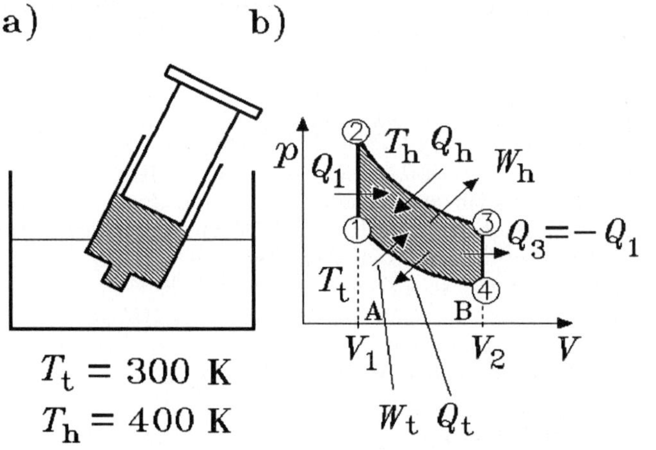

Bild 24 a) Freihandversuch mit Glasspritze; b) Kreisprozeß aus 4 Takten mit 2 Isothermen bei T_h und T_t und 2 Isochoren (V_1 bzw. V_2 konst.). Die umschlossene Fläche 1-2-3-4-1 liefert die Nutzarbeit W.

Im **4. Takt** führt die Hand bei der tiefen Temperatur T_t langsam eine **isotherme Kompression** aus. Da $T_t < T_h$ ist, wird die tieferliegende Hyperbel 4-1 nach links beschrieben. Zum Eindrücken des Kolbens muß man dem Gas die Arbeit W_t zuführen, dargestellt durch die Fläche 4-1-A-B.

Wir beachten: W_t wie auch W_h sind proportional zum Druck $p = \mu \cdot R \cdot T/V$ und damit auch zu T.

(3) Diese **thermodynamische Maschine** arbeitet periodisch zwischen zwei *konstanten* Temperaturen T_h und T_t. Für einen von ihr durchlaufenen **Kreisprozeß** gilt:

a) Die innere Energie U des Gases erreicht nach Durchlaufen von einem Zyklus wieder den ursprünglichen Wert, genauso wie die anderen Zustandsgrößen T, p, V. Das Arbeitsgas Luft ist wieder im Anfangszustand. Dies gilt jedoch für Arbeit und Wärme nicht. Vielmehr ist $Q = -W > 0$ (über die Entropie siehe Seite 55).

b) Das Gas gibt bei der hohen Temperatur T_h mehr Arbeit W_h ab (Fläche 2-3-B-A in *Bild 24*), als ihm bei der tiefen T_t zugeführt wurde (W_t als Fläche 4-1-A-B). Die Differenz zeigt die beim Kreisprozeß umschriebene schraffierte Fläche 1-2-3-4-1. Die Differenz $|W_h| - W_t$ wird (von Verlusten abgesehen) als **Nutzarbeit *W*** gewonnen (von den negativen Größen W_h und Q_t nehmen wir hier die Absolutwerte; siehe Beispiel in Seite 52):

c) Das Gas gibt die ganze im 4. Takt zugeführte Arbeit W_t als Abwärme $|Q_t|$ an die Umgebung bei der tiefen Temperatur T_t weiter. Wegen dieser naturnotwendigen Abwärme liegen Kraftwerke an Flüssen oder brauchen Kühltürme. $|Q_t|$ ist ja zur tiefen Temperatur T_t, bei der man den Kolben wieder einschieben muß, proportional (erst beim nie erreichbaren Absoluten Nullpunkt $T_t = 0$ K wäre die Abwärme $Q_t = 0$. Man kann also $|Q_t|$ verkleinern, aber leider nicht ganz verhindern.

Die bei einem Kreisprozeß umschriebene Fläche im *p;V*-Diagramm gibt die abgegebene Nutzarbeit an.

$$W = |W_h| - W_t = Q_h - |Q_t| \quad (21)$$

Die Arbeit *W* ist um die Abwärme $|Q_t|$ kleiner als die bei der hohen Temperatur T_h zugeführte Wärme.

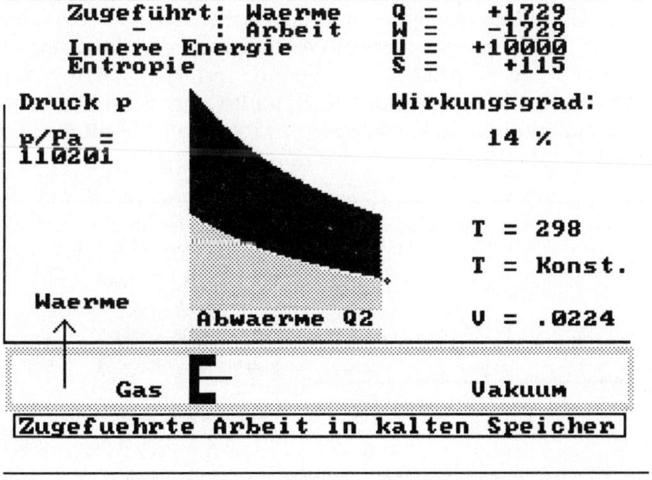

Bild 25 Energieumsetzung beim vollständigen Kreisprozeß. Rechts oben: Wärme $Q = +1729$ J wurde zugeführt und ging als Nutzarbeit $W = -1729$ J ab. Die innere Energie U hat wieder den Startwert 10 000 J. Wegen des irreversiblen Wärmeübergangs von Q_1 im 1. und 3. Takt stieg die Entropie der Anordnung von 100 J/K auf 115 J/K (siehe Seite 56); η ist deshalb zu klein.

(4) BEISPIEL: THERM 11: $\mu = 1$ mol Gas ($C_V = 30$ J/(mol · K)) arbeite zwischen den konstanten Temperaturen $T_t = 300$ K und $T_h = 600$ K bei $V_2/V_1 = 2$.

1. Takt: 1. Wärmezufuhr: $Q_1 = (600 - 300) \cdot 30 \text{ J} = 9000 \text{ J}$.

2. Takt: Arbeit abgeführt: $W_h = - R \cdot 600 \text{ K} \cdot \ln 2 = - 3458 \text{ J}$;
2. Wärmezufuhr: $Q_h = - W_h = + 3458 \text{ J}$.

3. Takt: 1. Abwärme: $Q_3 = - Q_1$ (1. Takt) $= - 9000$ J.

4. Takt: Arbeit zugeführt: $W_t = R \cdot 300 \text{ K} \cdot \ln 2 = + 1729 \text{ J}$;
2. Abwärme: $Q_t = - W_t = - 1729 \text{ J}$.

Nutzarbeit (negativ, da abgeführt): $\mathbf{W_h + W_t = - 1729 \text{ J}}$
Insgesamt zugeführte Wärme: $\mathbf{Q_1 + Q_h = 12458 \text{ J}}$
Wirkungsgrad: Nutzarbeit/zugeführte Wärme = 14 %

Die im 1. Takt zuzuführende Wärme Q_1 entfällt im Heißluftmotor oder beim Carnotprozeß (THERM 12 und 14); der Wirkungsgrad wird dort größer; siehe Seite 56.

3.4 Heißluftmotor mit idealem Kreisprozeß

(*Bild 26*; Experiment und THERM 12; Lit. 14, Seite 108)

(1) Beim Motor nach Seite 50 müßte man die Temperatur des ganzen Zylinders ständig zwischen T_h und T_t ändern (Q_1 und Q_3). Es würde genügen, nur das Arbeitsgas im Zylinder dieser Prozedur zu unterwerfen und auch die dazu nötige Wärme zu speichern. Hierzu erfand 1816 der presbyterianische Geistliche R. STIRLING aus Schottland den **Heißluftmotor** mit *Verdränger*, 70 Jahre vor DAIMLER und MAYBACH (*Bild 26*).

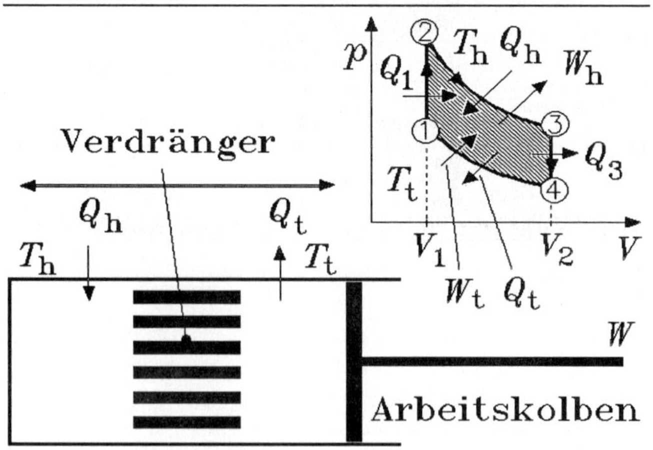

Bild 26 Heißluftmotor mit Arbeitsdiagramm: Der Arbeitskolben verschiebt den Verdränger über ein nicht gezeichnetes Gestänge. Der linke Zylinderteil ist ständig heiß (T_h), der rechte wird gekühlt (T_t).

Bild 27 Kreisprozeß beim Heißluftmotor (T_h = 600 K; T_t = 300 K); unten links Verdränger, rechts Arbeitskolben. Hier erreicht die Entropie ihren Startwert 100 J/K; der Wirkungsgrad ist gemäß *Gl. 20* optimal.

Der *linke* Teil des Zylinders wird von außen *ständig* auf der hohen Temperatur T_h gehalten, der *rechte* auf der niedrigen T_t, also gekühlt (*Bild 26 und 27*). Der Verdränger verschiebt das Gas zwischen beiden Teilen. Die von Otto- oder Dieselmotoren bekannten Gasexplosionen sowie Zu- und Abgang von Dampf entfallen; man versucht, den wegen der gleichmäßigen Verbrennung umweltfreundlichen Motor zu verbessern; Preis und Gewicht sind aber zu hoch (Lit. 9, Seite 355).

(2) Wir besprechen die vier Takte (THERM 12):

1. Takt (1-2 in *Bild 26 und 27*): Der vom vorangehenden 3. Takt noch heiße Verdränger gleitet nach rechts. Dabei strömt das kalte Arbeitsgas in den Kanälen an heißer Kupferwolle vorbei nach links. Es nimmt die Wärme Q_1 (aus dem letzten 3. Takt) auf und wird von T_t auf T_h erhitzt. Der Verdränger setzt keine Arbeit um, da an seinen beiden Seiten stets gleicher Druck herrscht.

2. Takt (Teil 2-3): Der linke, stets heiße Zylinderteil führt dem Gas bei der konstanten Temperatur T_h die Wärme Q_h zu. Das Gas schiebt bei dieser **isothermen Expansion** den Arbeitskolben (rechts) nach außen. Dabei gibt es diese Wärme Q_h vollständig als Arbeit W_h ab. Der Verdränger bleibt stehen.

3. Takt (Teil 3-4): Nun bleibt der Arbeitskolben wie im 1. Takt in Ruhe. Der Verdränger kehrt nach links zurück; das heiße Gas strömt durch seine im 1. Takt abgekühlten Kanäle und gibt die dort aufgenommene Wärme $Q_3 = -Q_1$ an den Verdränger zurück. Wir brauchen sie nicht weiter zu beachten, da sie ständig innerhalb des Zylinders bleibt (siehe auch Seite 56).

4. Takt: Das Gas hat im kalten Teil die Temperatur T_t, also einen kleineren Druck. Der Arbeitskolben komprimiert es längs 4-1 isotherm und führt die Arbeit W_t zu. Diese Energie fließt als Wärme Q_t durch die kalte Zylinderwand ab (T_t). Q_t ist nun die einzige nach außen dringende Abwärme; der Wirkungsgrad ist deshalb höher als ohne Verdränger (Seite 66).

(3) Quantitative Messungen sind viel zu ungenau. Deshalb werden in THERM 12 die Wärme und die Arbeit berechnet und mit innerer Energie U und Entropie S ausgedruckt (*Bild 27 oben*). – In jedem Arbeitsstreifen ist $W = p \cdot \Delta V$ und mit $p = R \cdot T/V \sim T$ auch $W \sim T$ und $Q \sim T$. Deshalb sind auch die großen Arbeitsflächen unter den Hyperbeln zu T_h bzw. T_t proportional. Im folgenden geben wir nur die Beträge ihrer Energiewerte an: Es gilt

$$W_h/W_t = T_h/T_t \text{ und } Q_h/Q_t = T_h/T_t. \qquad (22)$$

(4) Die Nutzarbeit W ist wieder die vom Arbeitsdiagramm umschlossene Fläche. Beim Berechnen des thermodynamischen Wirkungsgrads η entfällt Q_1 aus dem 1. Takt. η ist also der Quotient W/Q_h aus der Nutzarbeit $W = Q_h - Q_t$ und der bei T_h zugeführten Wärme Q_h. Da die *Wärmen Q_h und Q_t beim idealen Gas den Temperaturen T_h bzw. T_t proportional* sind, gilt

$$\eta = (Q_h - Q_t)/Q_h = (T_h - T_t)/T_h = 1 - T_t/T_h.$$

η bleibt stets kleiner als 1 ($T_t > 0$) und steigt mit dem Temperaturunterschied der beiden Wärmebehälter.

$$\text{Wirkungsgrad } \eta = \frac{W}{Q_h} = \frac{Q_h - Q_t}{Q_h} = \frac{T_h - T_t}{T_h} \qquad (23)$$

Beispiel: Eine thermodynamische Maschine arbeitet zwischen den Temperaturen $T_h = 500$ K und $T_t = 300$ K. Ihr Wirkungsgrad ist $\eta = (500 - 300)/500 = 0{,}4 = 40\ \%$ (theoretisch, d. h. ohne weitere Verluste).

Führt man also dem Gas bei T_h die Wärme $Q_h = 100$ J zu, so zweigt die Maschine davon 40 %, d. h. $W = 40$ J, als mechanische Nutzarbeit ab. Der Rest $Q_t = 100\text{ J} - 40\text{ J} = 60$ J geht als Abwärme bei T_t an die Umgebung. Die nach Seite 52 im 1. und 3. Takt übertragenen Wärmen Q_1 und Q_3 bleiben außer Betracht. Dies erhöht bei den Temperaturen $T_h = 600$ K und $T_t = 300$ K den Wirkungsgrad η von 14 % (ohne Verdränger) auf 50 % gemäß *Gl. 23*.

(5) Treten jedoch Verluste (Reibung, Wärmeleitung) auf, so steigt die Abwärme Q_t, die Nutzarbeit sinkt. Bei technischen Maschinen liegt deshalb η erheblich tiefer (siehe *Tabelle 3*). Auch sind die Kreisprozesse so kompliziert, daß man selten konstante Werte T_h und T_t angeben kann. Über Ottomotor: Lit. 14, Seite 107 und Lit. 15, Seite 34.

Kombinierte Gas-Dampf-Kraftwerke:	0,48
Dampfkraftwerke	0,41
Kernkraftwerke	0,33
Gasturbinen – Kraftwerk – Flugzeugantrieb	 0,35 0,17
Dieselmotor	0,4 bis 0,52
Ottomotor	0,25 bis 0,35

Tabelle 3 Tatsächliche Wirkungsgrade von Kraftwerken nach Abzug des Eigenbedarfs (siehe Seite 64 und Lit. 9).

Batterien, Brennstoffzellen und Muskeln sind keine thermodynamischen Maschinen. Sie erzeugen wertvolle Energie, ohne Temperaturunterschiede zu benutzen. *Gl. 23* gilt dabei nicht (siehe Seite 78 und 93).

3.5 Die Entropie bei Wärmekraftmaschinen

(1) Versuch 4: Beim Heißluftmotor muß man den kalten Zylinderteil ständig kühlen. Schaltet man das Kühlwasser ab, verstopft also die Wärmeabfuhr, so bleibt die Maschine trotz weiterer Wärmezufuhr stehen; sie muß Abwärme Q_t loswerden! Dies ist energetisch, also mit dem 1. Hauptsatz, nicht zu verstehen. Nach ihm könnte beim Verstopfen der Abwärme die gesamte zugeführte Energie in Nutzarbeit W übergehen; der Wirkungsgrad wäre dann 100 %.

Die Erklärung liefert der 2. Hauptsatz mit dem Entropiebegriff (siehe Seite 48): Aus *Gl. 18* folgt

$$Q_h/T_h = Q_t/T_t.$$

$S_h = Q_h/T_h$ ist die vom heißen Behälter dem Arbeitsgas zufließende Entropie. Dieses gibt die gleich große Entropie $S_t = Q_t/T_t$ an den kalten Behälter weiter. Da Entropie (im Gegensatz zu Wärme) auch in Körpern sein kann, können wir sagen: Die Entropie fließt durch das Arbeitsgas der idealen Wärmekraftmaschine unverändert hindurch. In Versuch 4 haben wir zusammen mit der Abwärme ihren Austritt verstopft. Nun stellen auch Wasserturbinen ihre Arbeit ein, wenn man den Wasserdurchlauf schließt. Deshalb wird bisweilen die Entropie idealer Wärmekraftmaschinen mit Wasser verglichen, das Turbinen durchläuft. Wenn man allerdings Irreversibilitäten berücksichtigt, versagt diese Analogie.

Beispiel: Bei unserer reversiblen Idealmaschine gilt:
- Das Arbeitsgas nimmt bei $T_h = 500$ K die Wärme $Q_h = 2000$ J auf und damit die Entropie $S = Q_h/T_h = 2000$ J/500 K = 4 J/K.
- Bei der tieferen Temperatur $T_t = 300$ K muß das Gas diese Entropie $S = Q_t/T_t = 4$ J/K wieder abgeben, da S nicht abnehmen kann („keine Entropieverstopfung").
- Die durchfließende Entropie S führt also bei 300 K die Wärme $Q_t = T_t \cdot S = 300$ K · 4 J/K = 1200 J ab und trennt sie so von der Nutzarbeit; mit Arbeit entweicht in der Elektrizitätsleitung keine Entropie!
- Als entropiefreie Nutzarbeit bleibt $W = Q_h - Q_t = 2000$ J – 1200 J = $S \cdot \Delta T$ = 800 J.
- Der Wirkungsgrad ist somit η = 800 J/2000 J = 200 K/500 K = 0,4 = 40 %.

(2) Entropie als Zustandsgröße: In THERM 12 werden die Entropiewerte beim idealen Heißluftmotor nach jedem Takt angegeben. Starten wir mit dem willkürlichen Wert $S_0 = 100$ J/K für das Arbeitsgas, so nimmt es diesen Wert nach einem vollen Umlauf wieder an, wenn es in den Startzustand zurückkehrt. Die dem heißen Behälter vorübergehend entnommene Entropie ist in den kalten abgeflossen. Die Entropie erweist sich so als Zustandsgröße, genau wie U, T, p und V.

(3) Bei der idealen Maschine haben (im 2. wie im 4. Takt) das Arbeitsgas und der mit ihm jeweils in Wärmekontakt stehende Wärmebehälter etwa die gleiche Temperatur. Sonst entstünde beim Wärmeübergang neue Entropie irreversibel (Seite 40); der Wirkungsgrad würde sinken. Bei der einfachen Maschine ohne Verdränger ist dagegen im 1. wie im 3. Takt ein großer Temperaturunterschied unvermeidlich, da das Gas aufgeheizt bzw. abkühlt wird. Hier nimmt die Entropie irreversibel zu, der Wirkungsgrad ist gesunken (siehe THERM 11). Die dabei vergeudete Arbeit wird auf Seite 65 berechnet. Warum ein guter Verdränger Abhilfe schaffen kann, erläutern wir auf Seite 66 mit dem Gegenstromprinzip.

Am Beispiel des Heißluftmotors erkennen wir:
- Die Entropie nimmt auch bei komplizierten technischen Prozessen insgesamt nicht ab.
- Entropie bestimmt als Herrin über die Energie den Weg der Energie und damit den Energieanteil, der bei periodischen Kreisprozessen als **maximale Arbeit** abgezweigt werden kann, und den Anteil, der als Abwärme ungenutzt abgeht.

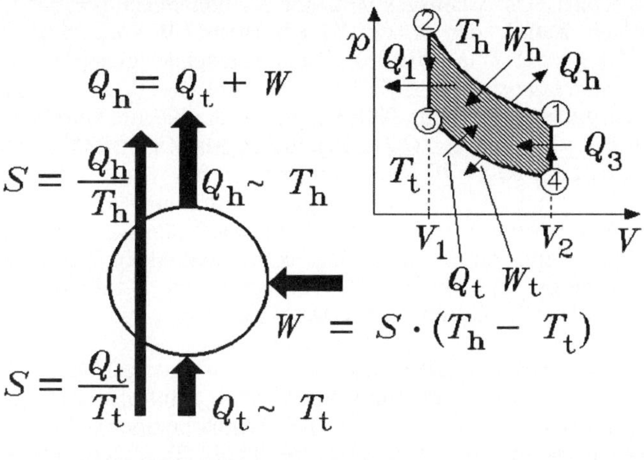

Bild 28 Prinzip und Arbeitsdiagramm einer Kältemaschine; hier wird Entropie unverändert hochgepumpt

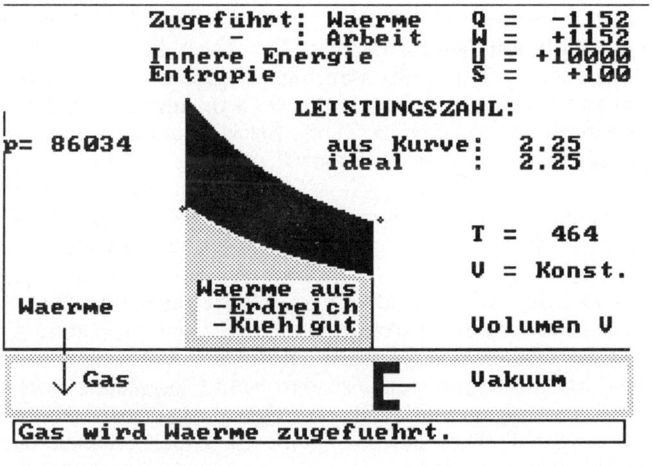

Bild 29 Simulation einer Kältemaschine, die Wärme von $T_t = 250$ K auf $T_h = 450$ K pumpt; Leistungszahl für Wärmepumpen nach Ziffer 3.6 (2) berechnet (THERM 13; der Übersicht halber ist auf den Verdränger verzichtet)

3.6 Umkehrung der Wärmekraftmaschinen; Kühlschrank

(1) Kehrt man den Lauf von Wasserrädern um, so schöpfen sie Wasser hoch. Lassen sich auch thermodynamische Arbeitsmaschinen umkehren? Wir prüfen dies am idealen Heißluftmotor, bei dem die Entropie erhalten bleibt (THERM 13).

Versuch 5: Der Heißluftmotor wird von einem Elektromotor angetrieben. Er kehrt die Arbeitsmaschine um. Dabei entnimmt er Wärme Q_t bei der tieferen Temperatur T_t und gibt Wärme Q_h bei der höheren T_h ab. Er arbeitet wie ein Kühlschrank als sogenannte „Wärme"pumpe.

Kehren wir auch Versuch 3 von Seite 49 um (*Bild 28* und *29):*

1. Takt: Das Arbeitsgas wird bei der hohen Temperatur T_h durch Zufuhr der Arbeit $W_h > 0$ **isotherm komprimiert** (Hyperbel 1-2 in *Bild 28*). Die entstehende gleich große Kompressionswärme $Q_h = -W_h < 0$ geht bei T_h in den zu heizenden Raum, beim Kühlschrank in die Küche. Dort wird also die Entropie $S = Q_h/T_h$ abgeliefert. Mit $|Q_h| = 4500$ J und $T_h = 450$ K ist $S = 10$ J/K.

2. Takt: Dann kühlt man den Arbeitsstoff längs 2-3 auf die tiefere Temperatur T_t ab (Kühlwasser, Ventilator). Wenn ein Verdränger die Wärme Q_1 vorübergehend aufnimmt, so berührt sie die Entropiebilanz kaum (Seite 56).

3. Takt: Bei $T_t = 250$ K dehnt sich der Arbeitsstoff längs 3-4 isotherm aus und entnimmt die Wärme $Q_t > 0$ dem Kühlgut (Butter) oder dem Erdreich (bei Wärmepumpen). Mit Q_t fließt im Idealfall dem Gas die im 1. Takt abgegebene Entropie $S = 10$ J/K wieder zu. Wegen $T_t < T_h$ ist dazu weniger Wärme $Q_t = S \cdot T_t = 250\ \text{K} \cdot 10\ \text{J/K} = 2500$ J nötig ($Q_t < |Q_h|$). Bei dieser isothermen Expansion gibt das Gas die Arbeit $W_t = -2500$ J ab. Man muß insgesamt nur noch die Arbeit $W = 4500\ \text{J} - 2500\ \text{J} = 2000\ \text{J} > 0$ mechanisch bzw. elektrisch (entropiefrei) zuführen. Sie wird um so kleiner, je geringer die Temperaturdifferenz $T_h - T_t$ ist.

4. Takt: Die Wärme $Q_3 = -Q_1$ aus dem Verdränger erhöht längs 4-1 die Temperatur wieder auf T_h (siehe 1. Takt).

Damit haben wir eine Maschine gefunden, die im Idealfall eine Arbeitsmaschine exakt umkehrt. Sie pumpt Wärme Q_t von der tieferen Temperatur T_t auf die höhere T_h und addiert zu Q_t die meist elektrisch, also entropiefrei, zugeführte Arbeit W: Die abgegebene Wärme $Q_h < 0$ hat den Betrag $|Q_h| = Q_t + W$. Die Entropie bleibt auch hier erhalten; als Invariante ermöglicht sie schnelle und übersichtliche Rechnungen. Kältemaschinen pumpen Entropie ohne sie zu ändern, so wie Wasserpumpen Wasser. Die Wärme dagegen nimmt von Q_t auf $Q_h = Q_t + W$ zu. Das Wort „Entropiepumpe" wäre also treffender!

(2) Für den thermodynamischen Wirkungsgrad η gilt wieder *Gl. 23*. Nur die Vorzeichen von Arbeit und Wärme haben sich umgekehrt. Dem praktischen Gebrauch werden **Leistungszahlen** besser gerecht (siehe THERM 13 und *Bild 29*). So betrachtet man bei *Wärmepumpen* die dem Raum zugeführte Wärme Q_h und definiert:

ε = (dem Raum zugeführte Wärme Q_h)/(nötige Arbeit W)

$$\varepsilon = T_h/(T_h - T_t) > 1 \qquad (24a)$$

Bei $T_t = 250$ K und $T_h = 450$ K ist $\varepsilon = 2{,}25 = 1/\eta > 1$

Bei *Kühlschränken* betrachtet man dagegen die dem Kühlgut entzogene Wärme Q_t und erhält mit obigen Werten

ε = (entzogene Wärme Q_t)/(nötige Arbeit W)

$$\varepsilon = T_t/(T_h - T_t) = 1{,}25 > 1. \qquad (24b)$$

3.7 Der zweite Hauptsatz – technisch formuliert

(1) Wir haben mit *Gl. 23* den Wirkungsgrads η zunächst nur für den idealen Heißluftmotor und seine Umkehrung bestimmt und dazu die Gesetze des idealen Gases benutzt. Gilt er für alle periodisch arbeitenden idealen Maschinen? Kann er vielleicht noch überboten werden? Um diese theoretisch wie praktisch überaus wichtige Frage zu klären, benutzen wir eine ideale Wärmepumpe nach Seite 57 *(Bild 30a, links)*. Für ihren thermodynamischen Wirkungsgrad gilt zwischen $T_t = 300$ K und $T_h = 500$ K auch *Gl. 23:*

$$\eta = W/Q_h = (T_h - T_t)/T_h = 40\ \%.$$

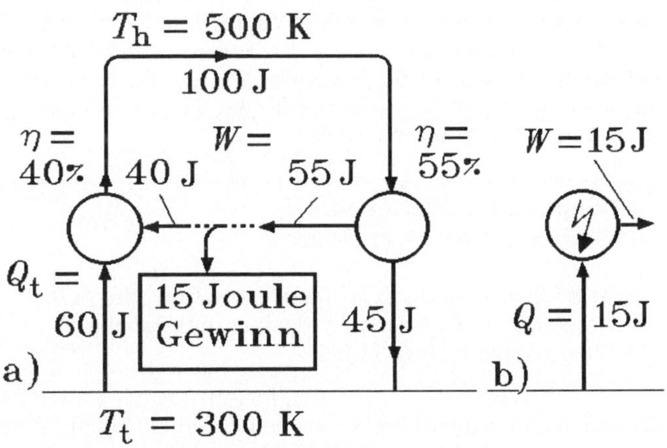

Bild 30 Gibt es Maschinen, deren Wirkungsgrad η größer ist als nach *Gl. 23* (55 % statt 40 %)?

Um die Wärme $Q_h = 100$ J bei der hohen Temperatur $T_h = 500$ K abzuliefern, braucht die Maschine also die Arbeit $W = 40$ J und holt aus dem kälteren Behälter ($T_t = 300$ K) die Wärme $Q_t = 60$ J. Es gilt $\mathbf{Q_h = W + Q_t = 100}$ **J**.

Jetzt sagt ein „Erfinder", er habe eine thermodynamische Wundermaschine mit einer Geheimsubstanz (keine Brennstoffzelle). Sie übertrumpfe zwischen den genannten Temperaturen 500 K und 300 K unsere Maschine mit einem höheren Wirkungsgrad, z. B. 55 % *(Bild 30a, rechts)*. Darauf vertrauend geben wir die mit unserer Wärmepumpe auf T_h gebrachte Wärme Q_h = **100 J** *sofort vollständig* in die Wundermaschine (ein oberes Wärmereservoir ist nicht nötig). Diese sollte davon mit ihrem Wunder-Wirkungsgrad 55 % die Arbeit $W = 55$ J abzweigen. Dann brauchte sie dem unteren Reservoir bei dessen Temperatur $T_t = 300$ K nur noch 45 J als Abwärme zuzuführen. Von der Wunder-Arbeit 55 J könnten wir 40 J abzweigen und damit unsere Wärmepumpe betreiben. Der Rest 55 J – 40 J = 15 J Arbeit fiele uns bei jedem Zyklus nutzbringend in den Schoß.

Dabei würden in jedem Zyklus – leider nur in Gedanken – dem *kalten* Behälter 60 J – 45 J = 15 J an Wärme entzogen und vollständig in 15 J Arbeit umgewandeln; sonst geschähe in der Natur nichts (*Bild 30b*). Mit dieser Kombination könnte ein Schiff dem kalten Meerwasser ständig Wärme entnehmen und in Nutzarbeit umwandeln, **ohne daß sonst etwas in der Natur betroffen wäre**. Da im Meerwasser ungeheure Mengen an innerer Energie stecken, ließe sich fast unbegrenzt hochwertige Arbeit gewinnen, ein unschätzbarer Vorteil für die Menschheit! Man nennt eine solche Maschine ein **perpetuum mobile 2. Art**. Leider hat sie bei keinem der vielen unglücklichen „Erfinder" funktioniert, obwohl dabei der Energiesatz nirgends verletzt wäre.

(2) *Was entlarvt den Bluff?* Der heiße Wärmebehälter, der bisher Energiespender war, fehlt. Vielmehr sollte Wärme Q **nur** aus dem unteren kalten Reservoir „gehoben" und vollständig in Nutzarbeit W verwandelt werden (*Bild 30b*). Sonst sollte nichts passieren. Da dies noch nie gelang, postulierte MAX PLANCK:

2. Hauptsatz der Wärmelehre
(in der Fassung von M. PLANCK):

Es gibt keine periodisch laufende Maschine, die weiter nichts bewirkt, als Arbeit abzugeben und dabei ein Wärmereservoir abzukühlen.

(3) Mit dieser naturwidrig gewonnenen Arbeit könnte man (etwa durch Reibung) ein beliebig heisses Reservoir durch Wärme aus einem kalten Reservoir noch weiter aufheizen; man könnte Wärme auf beliebig hohe Temperatur „heben", ohne sonst etwas in der Natur zu ändern (Dieser Zusatz ist wichtig: Wärmepumpen „heben" auch Wärme, brauchen dazu aber elektrische Arbeit von außen). Deshalb postulierte R. CLAUSIUS um 1860:

Wärme geht nicht von selbst von einer tieferen zu einer höheren Temperatur. Freiwillig strömt sie stets zur tieferen.

(4) Weiter gilt: Es gibt keine periodisch funktionierende Wärmekraftmaschine, deren Wirkungsgrad höher ist als *Gl. 23* angibt – gleichgültig, wie sie technisch realisiert ist und mit welchem Stoff sie arbeitet. Das Bilanzdenken braucht keine Detailkenntnisse! Warum all das in der Natur so „unfreundlich" eingerichtet ist, zeigt die atomistische Deutung der Entropie: **Die Natur strebt die Makro-Zustände an, zu denen am meisten Mikro-Zustände Ω**

gehören. Also können wir die auf Seite 39 bis 42 gemachten Aussagen zur Entropie als endgültig ansehen. Sie sind sogar universeller, da sie auch die Fluktuationen (Brownsche Bewegung) berücksichtigen.

(5) Bei den idealen Wärmekraftmaschinen haben wir den Wirkungsgrad sowohl aus der Entropieerhaltung abgeleitet (Seite 42) als auch aus der bei isothermen Vorgängen nur in idealen Gasen geltenden Proportion $Q \sim p \sim T$ (Seite 21 und 54). Beide Wege hängen zusammen: Man hat nämlich die Temperatur T so als Nenner von Q_{rev}/T *definiert*, daß aus der Nicht-Zustandsgröße Q_{rev} die Zustandsgröße $\Delta S = Q_{rev}/T$ wird! Damit gilt diese Temperaturdefinition unabhängig von einer Substanz, auch vom idealen Gas. Unsere Rechnungen wie auch THERM 11-14 bestätigen nachträglich, daß wir diese *thermodynamisch definierte Temperatur* mit der Einheit Kelvin auch mit Gasthermometern messen dürfen, was natürlich bequemer ist. Der Temperaturbegriff selbst gründet also letztlich auf dem mit dem 2. Hauptsatz verbundenen allgemeinen Erfahrungsschatz und damit der Zustandsgröße Entropie und nicht auf dem beliebten Gedankenkonstrukt „ideales Gas". Die Herleitung von *Gl. 23* benutzt die Entropieerhaltung. Sie braucht die Gesetze des idealen Gases nicht, ist also allgemeingültig.

A1. Simuliere Wärmepumpen mit einer Glasspritze gemäß Versuch 2.

A2. Vergleiche eine ideale Wärmekraftmaschine mit einem Pumpspeicherwerk:
a) Was entspricht den Höhen der Wasserreservoire, dem strömenden Wasser, bzw. der von den Reservoiren abgegebenen und aufgenommenen Lageenergie des Wassers?
b) Diskutiere die Umkehrbarkeit dieser Maschinen.
c) Wasser strömt nicht in den Elektrizitätsleitungen ab. Welche Eigenschaft der Entropie entspricht dem?

A3. Ein Erfinder behauptet, er könne Wärmepumpen bauen, die keine Zufuhr an Arbeit brauchen und dabei den 1. Hauptsatz nicht verletzen. Woran scheitert er?

3.8 Einfachster Kreisprozeß: Dampfdruckänderung

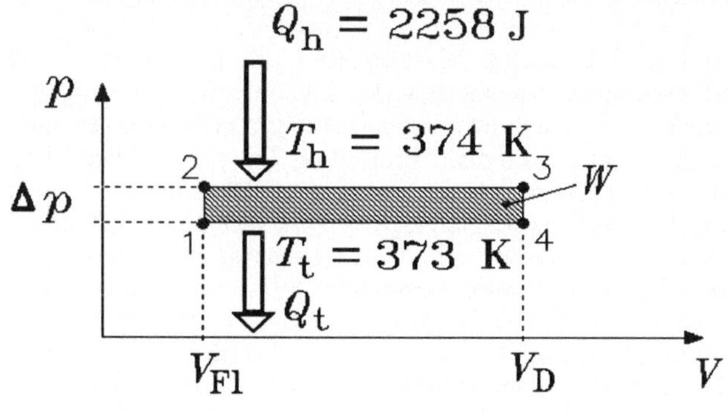

Bild 31 Der Kreisprozeß beim Sieden liefert die Druckabhängigkeit $\Delta p/\Delta T$ des Siedepunks und ist eine ideale thermodynamische Maschine

(1) Präzise und einfach zu berechnende Kreisprozesse realisiert die Natur bei Phasenumwandlungen exakt: Wir erhöhen die Temperatur von 1g Wasser von $T_t = 373$ K (100 °C) um $\Delta T = 1$ K auf $T_h = T_t + \Delta T = 374$ K (1-2 in *Bild 31*). Der äußere Druck p steigt dabei um die noch unbekannte Zunahme Δp des Dampfdrucks. Das Wasser verdampft, wenn wir dann bei der konstanten Siedetemperatur T_h die große Verdampfungswärme $Q_h = 2258$ J zuführen (Gerade 2-3). Sie entspricht bei Wärmekraftmaschinen der bei T_h zugeführten Wärme Q_h. Das Volumen nimmt von $V_{Fl} = 1{,}04$ cm^3 der Flüssigkeit auf $V_D = 1670$ cm^3 des Dampfs zu. Dann kühlen wir wieder um $\Delta T = 1$ K auf T_t ab (3-4). Der Druck sinkt um Δp; der Dampf kondensiert längs (4-1) und gibt die Wärme Q_t ab. Bei diesem Kreisprozeß wird insgesamt die von der eingeschlossenen Fläche angegebene Nutzarbeit

$$W = (V_D - V_{Fl}) \cdot \Delta p$$

frei. Da ΔT und Δp klein sind, sehen wir die Seitenstücke dieser Fläche als vertikal an. Der Wirkungsgrad η dieser umkehrbaren, auch in der Praxis idealen „Maschine" läßt sich nach *Gl. 23* berechnen:

a) $\eta = \Delta T/T_h$ entspricht $(T_h - T_t)/T_h$
b) $\eta = (V_D - V_{Fl}) \cdot \Delta p/Q_h$ entspricht W/Q_h.

Daraus folgt: $\eta = (V_D - V_{Fl}) \cdot \Delta p/Q_h = \Delta T/T_h$.
Der gesuchte Anstieg Δp des Dampfdrucks bei der Temperaturerhöhung ΔT folgt daraus zu

$$\Delta p/\Delta T = Q_h/\{(V_D - V_{Fl}) \cdot T_h\}. \qquad (25)$$

$\Delta p/\Delta T = 2258$ J/(1669 cm^3 · 374 K) = 3,62 · 10^3 N/(m^2 K) stimmt mit dem gemessenen Wert $\Delta p/\Delta T = 3{,}63 \cdot 10^3$ Pa/K gut überein.

Nach dieser berühmten *Gl. 25* (CLAUSIUS/CLAPEYRON; um 1840) steigt der Dampfdruck mit der Temperatur und damit auch die Siedetemperatur mit dem Druck. Die molekularen Vorgänge beim Sieden braucht man nicht zu kennen, wenn man wie hier in Bilanzen (statt kausal) denkt.

(2) Wenn man beachtet, daß $V_{Fl} \ll V_D$ und $V_D = \mu \cdot R \cdot T/p$ ist, folgt

$$\Delta p = (Q_h/V_D) \cdot \Delta T/T = p \cdot \{Q_h/(\mu \cdot R)\} \cdot \Delta T/T^2 \quad \text{oder}$$
$$\Delta p/p = Q_h/(\mu \cdot R) \cdot \Delta T/T^2.$$

Integration gibt für Q_h = konst.

$$\ln p/p_0 = -Q_h/(\mu \cdot R \cdot T) \text{ oder}$$

$$p = p_0 \cdot \exp\{-Q_h/(\mu \cdot R \cdot T)\}. \qquad (26)$$

Dies ist eine gute Näherung für *Dampfdruckkurven.*

(3) Druckabhängigkeit des Schmelzpunkts: Man kann *Gl. 25* auf die Umwandlung Eis-Wasser anwenden: Mit $V_{Eis} = 1{,}0905$ cm³/g; $V_W = 1{,}0018$ cm³/g und $Q = 335$ J/g folgt

$$\Delta T/\Delta p = (V_W - V_{Eis}) \cdot T/Q = -7{,}3 \cdot 10^{-8}\ \text{K/Pa}$$
$$\approx -0{,}0075\ \text{K/bar}.$$

Dies wird experimentell sehr gut bestätigt. Das Minuszeichen gibt an, daß Eis unter Druck schmilzt. Bei solchen reversiblen Naturvorgängen treten keine „technischen" Verluste auf!

3.9 Entropie als Wertmaßstab für Energie; Exergie

(1) Mit der Wärme $Q = 1200$ J geht die Entropie über:
- bei $T_t = 300$ K: $S = 1200$ J/300 K = 4 J/K
- bei $T_h = 600$ K: $S = 1200$ J/600 K = 2 J/K.

Nun ist Wärme aus einem heißen Behälter wertvoller. Die wertvollsten Energieformen mechanische und elektrische Arbeit haben gar die Entropie $S = 0$. Preßluft gibt beim Komprimieren zusammen mit der Wärme Q_{rev} die Entropie $S = Q_{rev}/T$ an die Umgebung ab. Die so entstandene *entropiearme* Preßluft ist arbeitsfähig, also wertvoller als Normalluft.

Energie wird um so wertvoller (arbeitsfähiger), je kleiner ihre Entropie ist. Irreversible Entropiezunahme bedeutet Energieentwertung.

(2) Exergie: Techniker bezeichnen mit **Exergie *E*** den wertvollen Teil der Energie, der im Idealfall in alle anderen Energieformen umgewandelt werden kann. Die Exergie E mechanischer und elektrischer Energieformen ist also gleich deren Energie. Die Exergie von Wärme ist jedoch kleiner, nämlich *der* Teil, der sich mit Hilfe idealer Wärmekraftmaschinen in Nutzarbeit umwandeln läßt. Man legte dazu (willkürlich) fest, daß die Abwärme bei der Umgebungstemperatur $T_t = 15\ ^\circ C = 288$ K abgehen soll. Wärme Q der Temperatur T_h hat folglich nach *Gl. 23* die Exergie E (in Joule):

$$\frac{W}{Q_h} = \frac{T_h - T_t}{T_h} = 1 - \frac{T_t}{T_h}$$

$$W = Q_h \left(1 - \frac{T_t}{T_h}\right)$$

$$\boldsymbol{E = Q \cdot (1 - 288\ \mathrm{K}/T_h).} \qquad \textbf{(27)}$$

Wärme hat bei Umgebungstemperatur ($T_h = 288$ K) also die Exergie $E = 0$ Joule und damit den „Wert" Null! Man sagt, es sei reine **Anergie B**. Damit bezeichnet man den restlichen Teil $\boldsymbol{B = Q - E}$, der nicht mehr in wertvolle Formen umwandelbar ist. Arbeitet eine Wärmekraftmaschine nicht ideal reversibel, so wird noch weniger umgewandelt, als es die Exergie E nach *Gl. 27* angibt. Die Exergie von Stoffen, also die sogenannte chemische Energie, wird von der freien Enthalpie bestimmt (Seite 77) Ausführliche technische Darlegungen zur Exergie findet man in Lit.9.

(3) Energieentwertung im Wärmekraftwerk. Der Brennstoff (Kohle, Öl) verbrennt im *Kesselraum.* Diesen kann man wärmemäßig so gut isolieren, daß nur ca. 5 % der Verbrennungswärme im Schornstein als echter *Energie*verlust abgehen; bis zu 95 % treten ins Kesselwasser von 550 °C. Dieses muß von 30 °C auf 550 °C aufgeheizt werden. Man hat es also nicht mit einer konstanten Temperatur T_h zu tun; man berechnet mit der sogenannten *thermodynamischen Mitteltemperatur* $T_m \approx 290\ ^\circ C \approx 560$ K den Wirkungsgrad $\eta = 1 - 288/560 \approx 0{,}45$. Der Wärmeübergang wie auch die Verbrennung sind wegen der Abkühlung von ca. 1500 °C auf 290 °C stark irreversibel. Durch diesen *Entropie*anstieg $\Delta S_{irr} > 0$ wird die übertretende Energie (95 %) auf etwa 45 % Exergie entwertet. Der Anergieballast von 55 % muß leider auch die *Turbine* durchlaufen. Diese könnte bei ideal reversiblem Lauf nur noch die 45 % Exergie ganz in Nutzarbeit umwandeln (wegen technischer Verluste von etwa 10 % sind es etwa 40 %). Der theoretische Wirkungsgrad $\eta \approx 45$ % von Turbinen berücksichtigt also nicht deren Unvollkommenheit – wie oft angenommen wird – sondern die Tatsache, daß *schon im Kesselhaus* wegen des Temperaturabfalls die Primärenergie stark entwertet worden ist und die Turbinen den dabei entstandenen Anergie-Ballast als Abwärme in die Umgebung führen müssen. Man verbessert den Wirkungsgrad heute in *kombinierten Gas-Dampfkraftwerken*, in denen Hoch-Temperatur-Gasturbinen den Temperaturabfall von 1500 °C auf 290°C nutzbringend überbrücken (Lit. 9). Der Gesamtwirkungsgrad steigt auf 48 % *(Tabelle 3).*

Die Grenzen der Kraftwerke sind von der Entropie bestimmt; die unabdingbaren Verluste treten als Entropiezunahme im Kesselhaus bei Wärmeleitung ein, nicht primär als Energieverluste durch „Fehlleitung"!

3.10 Entropiezunahme, Irreversibilität, maximale Arbeit

(1) Ein Ofen gibt nach *Bild 32a* bei $T_h = 350$ K die Wärme $Q_h = 35\,000$ J und die Entropie $S_h = 35\,000$ J/350 K = 100 J/K ab. Q_h fließt als Energie ungeschmälert über die Fenster ins Freie ($T_t = 250$ K). Dort, also bei der tiefen Temperatur T_t, kommt aber die Entropie $S_t = 35\,000$ J/250 K = 140 J/K an. Diese **irreversible Wärmeleitung** hat die Entropie $\Delta S_{irr} = 40$ J/K *neu erzeugt*. Wieviel Arbeit wurde dabei vergeudet?

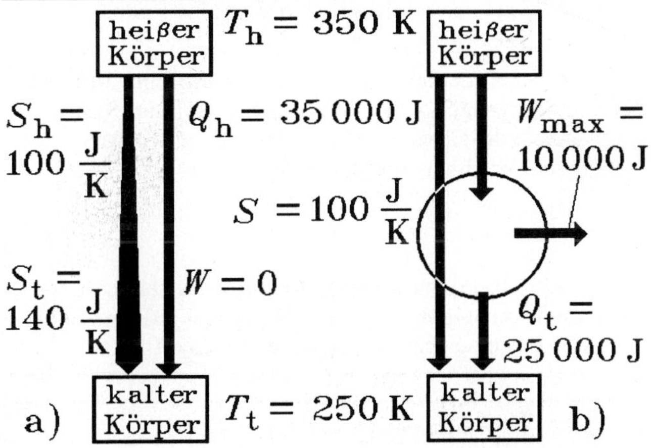

Bild 32 a) Wenn Wärme 35 kJ von 350 K auf 250 K fließt, steigt die Entropie irreversibel um $\Delta S = 40$ J/K;
b) Die Wärmekraftmaschine vermeidet diese Vergeudung und liefert die maximale Arbeit 250 K · 40 J/K = 10 kJ

Um die **vergeudete Arbeit** zu bestimmen, legen wir zwischen Ofen und Außenluft eine ideale Wärmekraftmaschine (*Bild 32b*). Bei $T_h = 350$ K nimmt sie die Wärme $Q_h = +35\,000$ J und die Entropie $S = 35\,000$ J/350 K = 100 J/K auf. S fließt durch diese ideale Maschine unverändert und wird bei der Temperatur T_t mit der nun kleineren Wärme $Q_t = T_t \cdot S = 250\text{ K} \cdot 100\text{ J/K} = 25\,000$ J abgegeben. Im Idealfall (maximal) wird so die sogenannte **maximale Arbeit** $W_{max} = 25\,000\text{ J} - 35\,000\text{ J} = -10\,000$ J gerettet (als abgegebene Arbeit hat sie das negative Vorzeichen). Dies ist bei obiger Wärmeleitung die *gesuchte vergeudete Arbeit* $W_{verg} = -10\,000$ J.

(2) Für diese vergeudete Arbeit stellen wir eine Formel auf: Die Vergeudung hängt von der irreversiblen Entropieerzeugung

$$\Delta S_{irr} = Q_t/T_t - Q_h/T_h = Q_h/T_t - Q_h/T_h = Q_h \cdot (1 - T_t/T_h)/T_t$$

$$\frac{1}{T_t} - \frac{1}{T_h} = \frac{T_h - T_t}{T_h T_t} = \left(1 - \frac{T_t}{T_h}\right)\frac{1}{T_t}$$

ab (bei Wärmeleitung ist $Q_t = Q_h$). Eine ideale Wärmekraftmaschine mit Wirkungsgrad $\eta = 1 - T_t/T_h$ könnte aus Q_h maximal die bei der reinen Wärmeleitung leider vergeudete Arbeit

$$W_{max} = W_{verg} = -Q_h \cdot \eta = -Q_h \cdot (1 - T_t/T_h)$$
$$= -T_t \cdot \Delta S_{irr}$$

herausholen (als abgegebene Arbeit natürlich mit Minuszeichen).

(3) Reibung wie auch elektrischer Strom erzeugen irreversibel die Wärme Q. Sie trete bei Umgebungstemperatur T_t in Erscheinung, zusammen mit der vorher nicht existierenden Entropie $\Delta S_{irr} = Q/T_t$. Dabei wird die Arbeit $W = -Q = -T_t \cdot \Delta S_{irr}$ vergeudet. ICE-Züge retten sie mit Bremsdynamos. Die vergeudete (maximale) Arbeit spielt später bei chemischen Reaktionen eine Rolle.

R. CLAUSIUS erkannte 1850: **Irreversibilitäten sind mit Entropieerzeugung ΔS_{irr} verbunden.** Wird im System irreversibel die Entropie ΔS_{irr} erzeugt, dann wurde bezüglich der Umgebungstemperatur T_t die **Arbeit**

$$W = -T_t \cdot \Delta S_{irr} \qquad (28)$$

vergeudet. Bei reversibler Führung wäre sie als maximale Arbeit W_{max} gerettet (abgegeben) worden (negatives Vorzeichen, da abgegebene Arbeit).

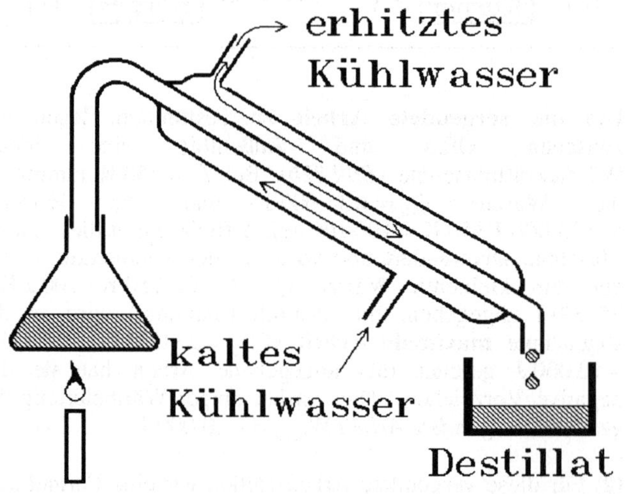

Bild 33 Das Gegenstromprinzip beim Liebig-Kühler verringert die irreversible Energievergeudung

(4) Beim Destillieren wird das **Gegenstromprinzip** benutzt *(Bild 33)*: Das kalte Kühlwasser kommt unten zunächst mit dem fast ganz abgekühlten Destillat in Berührung. Nach oben zu werden beide immer wärmer. Die Temperaturdifferenzen dazwischen bleiben klein; also ist ΔS_{irr} klein, im Idealfall Null. So überträgt man Wärme in der Technik ohne allzugroße Entwertung; man vergeudet mit dem Gegenstromprinzip weniger Arbeit und spart Primärenergie.

Der Heißluftmotor benutzt in den Kanälen seines Verdrängers das Gegenstromprinzip und nähert sich so dem Idealzustand. Eine theoretisch ideale Wärmekraftmaschine ohne Verdränger ersann CARNOT (THERM 14; Lit. 9).

A1. Warum ist bei der Wärmekraftmaschine ohne Verdränger der Wirkungsgrad kleiner? Diskutiere das Gegenstromprinzip und seine Bedeutung am Verdränger!

A2. Jemand sagt, er könne die Reibungswärme Q_{irr} (wenigstens teilweise) wieder in wertvolle Arbeit umwandeln, indem er damit eine Wärmekraftmaschine zu einer Temperatur T_t hin betreibe, die *unter* Umgebungstemperatur liege. Was sagen Sie dazu?

A3. Die Wärme $Q = 800$ J geht von einem Körper mit 400 K auf einen andern mit nur 399 K über. Wieviel Entropie entsteht neu? Wie groß ist die vergeudete Arbeit?

3.11 Die Entropie als Herrin über Energie und Zeit

(1) Bei *reversiblen Vorgängen* in idealen Wärmekraftmaschinen bleibt die Entropie erhalten; diese Prozesse sind umkehrbar, laufen aber sehr langsam, genauer gesagt, gar nicht.

(2) Bei *irreversiblen Vorgängen* dagegen wächst die Entropie eindeutig und endgültig. Nun sind alle makroskopischen Naturvorgänge irreversibel. Am Anwachsen der Entropie erkennt man die „natürliche" Richtung im Zeitgeschehen, den zu ansteigenden Zeiten t gerichteten **Zeitpfeil**. Ein solcher fehlt in allen Grundgesetzen von Mechanik, Elektrizität und Atomphysik (auch in der Schrödingergleichung). Deshalb spielt die Entropie selbst in der Kosmogonie eine Rolle (Lit. 2). Die gleichförmige Einteilung der Zeit, den Zeit-Takt, machen Uhren; er ist somit letztlich Menschenwerk.

Man kann die Entropie mit der Direktorin einer Fabrik vergleichen, welche die Zielrichtung des Betriebs bestimmt. Die Bilanz-Buchhalterin Energie dagegen sorgt nur dafür, daß die Bilanz bei allen Energieumwandlungen erfüllt bleibt. Die Entropie erweist sich so als Herrin über Energie und Zeit, als eine Fundamentalgröße der Physik (Lit. 1, Seite 33). Energie hat man überall, daran fehlt es nicht. Zur sogenannten Energiegewinnung braucht man Vorgänge, die möglichst viel wertvolle Nutzarbeit liefern. Darüber aber entscheidet die Entropie. – Lehrpläne, die nur die Energie betonen, bleiben also naturnotwendig recht unvollständig.

3.12 Entropie von Körpern

(1) Preßluft: Luft ($\mu = 45$ mol) hat bei Normbedingungen das Volumen $V_1 = 1000$ l. Um sie bei 273 K auf $V_2 = 10$ l langsam zu komprimieren, braucht man die Arbeit $W = \mu \cdot R \cdot T \cdot \ln 100 = 470$ kJ > 0 *(Gl. 7);* die Wärme $Q_{rev} = -W < 0$ fließt ab. Die Zustandsgröße Entropie S der

Luft sinkt also um den Betrag

$$\Delta S = Q_{rev}/T = -\mu \cdot R \cdot \ln 100 = -1{,}7\ \text{kJ/K},$$

die Entropie der Umgebung steigt um den gleichen Wert. Da Preßluft weniger Entropie als Normalluft hat, ist sie trotz gleicher innerer Energie wertvoller (arbeitsfähiger). Beim Expandieren von Luft muß man aber zwei verschiedene Möglichkeiten auseinander halten:

(2) Druckluftmotoren (Preßlufthämmer) kühlen sich ab. Es sind Wärmekraftmaschinen, da sie von außen Wärme aufnehmen. Im Idealfall wandeln sie diese genau in die Arbeit um, die bei der Kompression aufgewandt worden ist; die Kompressionsarbeit wird bei dieser *reversiblen* Führung nicht vergeudet. Deshalb steigt die Entropie der Preßluft mit der aufgenommenen Wärme von $Q = 470$ kJ wieder auf den Wert von Normalluft. Die Umgebung gibt die Entropie 1,7 kJ/K wieder zurück, die sie beim Komprimieren erhielt. Die Gesamtentropie bleibt bei dieser idealen, reversiblen Führung konstant.

(3) Entropie ist keine Wärme: Man kann aber auch die Preßluft nach *Bild 3* frei ins Vakuum strömen lassen, also *irreversibel*. Dann liefert sie keine Arbeit; weder Wärme noch Entropie strömen ein. Doch muß die Zustandsgröße Entropie zunehmen (an der Luft selbst kann man ja nachträglich keinen Unterschied feststellen; Seite 35). Also entsteht bei der oben betrachteten Luft die Entropie $\Delta S_{irr} = 1{,}7$ kJ/K neu; die Entropie der „Welt" steigt um 1,7 kJ/K. Da die Luft keine Arbeit abgibt, ist die beim Komprimieren aufgewandte Arbeit nach *Gl. 28* unwiderbringlich vergeudet:

$$W_{verg} = -T \cdot \Delta S_{irr} = -470\ \text{kJ}.$$

(4) Allgemein: Die Entropie von Gasen, die sich – reversibel oder irreversibel – bei der konstanten Temperatur T von V_1 auf V_2 ausdehnen, steigt als Zustandsgröße um

$$\Delta S = \mu \cdot R \cdot \ln(V_2/V_1);\ T = \text{konstant.} \qquad \textbf{(29)}$$

Analog dazu wächst bei Expansion eines beliebigen Teilchenschwarms die Entropie, auch beim Diffundieren von Duftstoffen in Luft oder beim Auflösen von Zucker oder Salz (*Bild 22*). Bei diesen irreversiblen Vorgängen ist Zufuhr von Wärme nicht nötig. Man darf also Entropie als Größe des 2. Hauptsatzes nie mit Wärme, der Größe des 1. Hauptsatzes, verwechseln, nicht einmal mit ihr vergleichen!

(5) Messung der Entropiezufuhr mit Meßwerterfassung

Man erzeugt in einer Heizspirale die Wärme $Q = U \cdot I \cdot t$. Sie wird bei einem möglichst kleinen Temperaturunterschied ΔT einem Körper der Temperatur T zugeführt. Dessen Entropie steigt dabei um $\Delta S = Q/T$. Die Wärme*zufuhr* von der Heizspirale in den Körper als solche hat wegen des kleinen Temperaturunterschieds ΔT die Entropie nur unbedeutend erhöht (ist praktisch reversibel). Vielmehr wurde die Entropie ΔS beim Entstehen der Stromwärme Q neu erzeugt; dieser Vorgang ist völlig irreversibel; er ist nicht mehr umkehrbar.

Die Meßwerte für U, I, t und T gibt man in kleinen Zeitschritten Δt einem Computer ein. Er berechnet daraus ΔS und summiert diese Werte. So kann man Entropiezunahmen messen.

(6) Absolutwerte der Entropie: Man legte als Normwert fest, daß Körper bei $T = 0$ K die Entropie $S = 0$ haben sollen. Dies fordert der 3. Hauptsatz der Thermodynamik, auf den wir auf Seite 94 eingehen. „Füllt" man also Körper von $T = 0$ K aus durch Zufuhr der kleinen Wärmemengen Q mit innerer Energie auf, so erhalten sie nacheinander die Entropieportionen $\Delta S = Q/T$. Die Gesamtentropie S(T) des Körpers bei der Temperatur T folgt als Summe aus diesen Teilentropien ΔS:

$$S(T) = \sum_{0}^{S} \Delta S = \sum_{0}^{T} \frac{Q}{T} \tag{30}$$

So kann man jedem Körper seine **Entropie** $S(T)$ als **Zustandsgröße** für die jeweilige Temperatur T zuschreiben, mit der er von $T = 0$ K aus „gefüllt" worden ist. Man hat die Entropie vieler chemischer Stoffe (je mol) ermittelt und tabelliert (Seite 78). Sie erlaubt wichtige Aussagen über Richtung und Möglichkeit des Ablaufs chemischer Reaktionen, aber auch über das Verhalten von Wasserdampf in Turbinen usw.

(7) Die Berechnung der Entropie $S(T)$ nach *Gl. 30* wird in THERM 10 an Hand von Meßwerten der Molwärme C_V

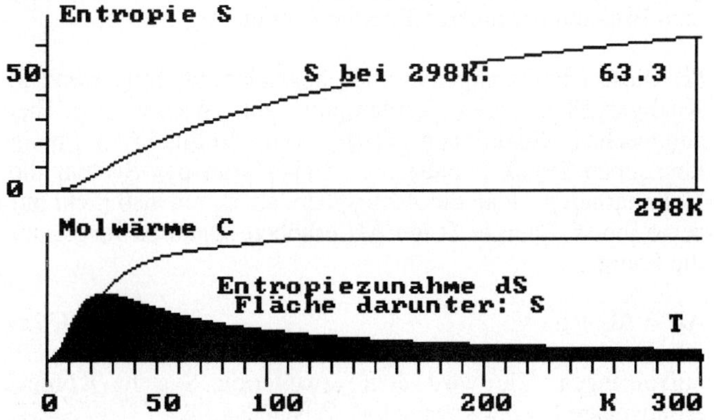

Bild 34 Schrittweise wird aus der Molwärme C_V die Entropiezunahme ΔS und durch Summation die Gesamtentropie $S(T)$ berechnet

ausgeführt (*Bild 34*). Da man Körpern bei $T = 0$ K die Entropie $S = 0$ zuschreibt, muß man von dort aus die C_V-Werte kennen, um die Entropie $S(T)$ bei der Temperatur T zu berechnen. Handelt es sich um die Stoffmenge μ, dann ist (bei konstantem Volumen) zur Erhöhung der Temperatur um ΔT die Wärme $Q = \mu \cdot C_V \cdot \Delta T$, also eine Entropiezunahme von $\Delta S = Q/T = \mu \cdot C_V \cdot \Delta T/T$ nötig. Die Gesamtentropie $S(T)$ bei der Temperatur T (von $T = 0$ K ab) summiert der Computer aus solchen Entropieportionen ΔS nach *Gl. 30.*

(8) Ist im Bereich $T_1 ... T_2$ die spezifische Molwärme C_V eines Körpers mit Stoffmenge μ hinreichend konstant, so steigt dort seine Entropie nach *Gl. 30* um:

$$\Delta S = \mu \cdot \int_{T_1}^{T_2} C_V \cdot \frac{dT}{T} = \mu \cdot C_V \cdot \ln\left(\frac{T_2}{T_1}\right)$$

$$(C_V = \text{const.}) \qquad (31)$$

Ändert sich zusätzlich auch noch das Volumen, so addiert man den Wert $\Delta S = \mu \cdot R \cdot \ln(V_2/V_1)$ nach *Gl. 29* zu dem von *Gl. 31*. S ist ja eine Zustandsgröße (Lit. 14, Seite 125).

3.13 Die Enthalpie *H*

Man sollte sich nicht nur mit der Entropie S, sondern auch mit der Enthalpie H vertraut machen, um die Wärmeumsetzungen beim Sieden und vor allem die Richtung chemischer Reaktionen quantitativ zu verstehen.

(1) Mit der spezifischen Molwärme bei konstantem Volumen C_V berechnet man nach $Q = C_V \cdot \mu \cdot \Delta T$ die Wärme Q und damit auch die Zunahme der *inneren Energie U* für die Stoffmenge μ fester oder flüssiger Körper, die sich beim Temperaturanstieg ΔT nicht merklich ausdehnen. Gase dagegen brauchen bei konstantem Druck mehr Wärme; sie geben ja beim Ausdehnen Arbeit ab. Dann ist die Molwärme C_V bei konstantem Volumen durch die größere Molwärme C_p bei konstantem Druck zu ersetzen. Man erhält $Q = \mu \cdot C_p \cdot \Delta T$. Dies ist mehr als die Wärme, die man nur zum Erhöhen der inneren Energie U braucht.

$\Delta W = p \Delta V$

(2) Diese Überlegungen werden besonders wichtig, wenn in Knallgaszellen, beim Verdampfen von Wasser oder bei chemischen Reaktionen Gase vom Volumen V beim konstanten Druck p entstehen. Dabei muß das System die Volumarbeit $p \cdot V$ an die Atmosphäre abführen, also nicht nur seine innere Energie U um ΔU erhöhen. Dann ist insgesamt die Energie

$$\mathbf{\Delta H = \Delta U + p \cdot V} \qquad \mathbf{(32a)}$$

aufzubringen. Sie wird dem erweiterten System Körper-Atmosphäre bei p = konstant als Zustandsgröße

$$H = U + p \cdot V \qquad \textbf{(32b)}$$

zugeschrieben. H heißt **Enthalpie**. Als Energie hat sie die Einheit Joule. Die innere Energie U ist zwar prinzipiell wichtiger als H. Wenn man aber Experimente bei konstantem Druck p auswertet, erfaßt man wegen der Volumarbeit $p \cdot V$ gegen den Luftdruck unmittelbar nicht die Änderungen von U, sondern von $H = U + p \cdot V$. Die innere Energie U findet man deshalb nur selten in Tabellen. So betrifft der **Heizwert** von Brennstoffen nicht deren innere Energie U, sondern die Änderung der Enthalpie H. Sie kann nicht vernachlässigt werden, wenn Gase beteiligt sind. Statt Verdampfungswärme sagt man deshalb *Verdampfungsenthalpie*, statt Reaktionswärme *Reaktionsenthalpie*.

(3) Man hat Enthalpie H und Entropie S für zahlreiche Stoffe an jeweils *einer* bequem realisierbaren chemischen Reaktion bestimmt. Diese Werte gelten nämlich als Zustandsgrößen bei *allen* Reaktionen des Stoffs. Hierin liegt die praktische Bedeutung solcher Zustandsgrößen in Technik und Chemie und ihre Angabe in Tabellen (Seite 78)).

(4) *Zusatz:* Streng genommen ist die sogenannte spezifische Wärmekapazität C_V nicht über eine Wärmezufuhr definiert, sondern als Zunahme der inneren Energie U, also nach $C_V := \mathrm{d}U/\mathrm{d}T$ (bei $V = \text{konstant}$). Entsprechend ist $C_p := \mathrm{d}H/\mathrm{d}T$ (bei $p = \text{konstant}$). Zur Definition werden also die Zustandsgrößen U bzw. H benutzt, nicht die flüchtige Übergangsgröße Wärme. Die Energie kann nämlich einem Körper auch in Form von Arbeit zugeführt werden (z. B. bei der Kompression im Dieselmotor). Hier erkennt man, wie abwegig das leider von den DIN-Normen immer noch sanktionierte Wort „spezifische Wärmekapazität" ist (Lit 9, Seite 42). Wärmekapazitäten lassen sich ja nicht auf Wärme beschränken; und für Wärme kann man keine Kapazität angeben, da sie selbst nicht im Körper „ist".

4 Entropie bei Phasenänderungen und in der Chemie

4.1 Entropie in unserer Welt

(1) In THERM4 diffundierten Einzelteilchen *(Bild 17)*. Man hätte aber auch aus jeweils 10 davon starre Stäbchen, also „**Moleküle**", bilden können. Dann wären nach $\Delta S = k \cdot Z \cdot \ln (V_2/V_1)$ *(Gl. 12)* Teilchenzahl Z und Entropie $S = k \cdot \ln \Omega$, d. h. die Zahl der Möglichkeiten Ω, erheblich gesunken. Löst man später die Moleküle auf, so steigen diese Werte. Fügen sich also Atome zu komplizierten organischen Molekülen zusammen, so sinkt die Entropie S (*Bild* 22). Dies ist für Chemie und **Biologie** von großer Bedeutung.

(2) Wie können sich komplizierte Moleküle überhaupt bilden, wenn dabei die *Entropie abnimmt*? Läuft nicht die Entstehung von Lebewesen und damit von Leben überhaupt dem 2. Hauptsatz zuwider? Verbietet dieser nicht den freiwilligen Aufbau von Strukturen verminderter Entropie? Muß nicht eine außerphysikalische Lebenskraft eingreifen, wie es der *Vitalismus* behauptet? Tatsächlich hätte er recht, wenn Lebewesen abgeschlossene Systeme wären. Ist die Erde ein solches?

(3) Wie wird die Erde ihre Entropie los? Man vergleicht die Erde heute gern mit einem abgeschlossenen, sich selbst überlassenen Raumschiff. Wäre dies richtig, dann müßte auf ihr die Entropie ständig zunehmen. Das Entropiemaximum wäre wohl längst erreicht, komplizierte labile Strukturen wären zerfallen. Was steht dem entgegen? Die Erde erhält von der *Sonne* (6000 K) im Mittel (Tag-Nacht; Äquator-Pole) 230 J/(m^2 · s) an Energie. Diese behält die Erde aber nicht, sondern gibt sie praktisch vollständig an den Weltraum bei der niedrigeren Temperatur T ≈ 300 K nach allen Richtungen ab. Die Energie der Erde bleibt etwa konstant (Seite 46).

(4) Wie verhält sich dabei die *Entropie*? Die Sonnenstrahlung führt wegen ihrer hohen Herkunftstemperatur 6000 K die 230 J/(m^2 · s) nur mit kleiner Entropie zu, und zwar aus einem kleinen Raumwinkel. Die kalte Erde (≈ 300 K) dagegen strahlt in den Weltraum nach allen Richtungen die gleiche Energie mit viel mehr Entropie ab ($\Delta S = Q/T$). So wird der riesige **Entropiemüll**, der ständig auf der Erde durch Irreversibilitäten aller Art, also durch Energieentwertung etwa in den Windsystemen entsteht, im sich weitenden Weltall deponiert. Damit entgehen wir dem *ereignislosen, langweiligen Entropiemaximum eines abgeschlossenen Systems*. Auch jeder Mensch muß mit seiner Körperwärme mehr Entropie abgeben, als er mit hochwertiger, relativ entropiearmer Nahrung aufnimmt; er ist ein offenes System.

(5) Mit einem kleinen Anteil des entropiearmen Sonnenlichts können Pflanzen aus ungeordneten, einfachen anorganischen

Stoffen komplizierte organische Strukturen, z. B. Eiweißmoleküle, aufbauen. Aus Gebilden mit hoher Entropie, also geringem Wert, werden solche mit niederer Entropie, also höherem Wert. Dies führt in den Lebewesen bis zur höchsten Stufe, der **Selbstorganisation**. Daß dazu auch „offene" anorganische Systeme beim „Durchlaufen von Energie" fähig sind, zeigt der Laser. Diese fundamentalen Vorgänge werden heute – über die Thermodynamik hinaus – in der **Synergetik** behandelt (Lit. 3; am selbsterregten Dynamo werden ihre mathematischen Methoden schon auf Schulniveau gezeigt; Seite 95 ff.). Letztlich nähren sich alle Lebewesen von Pflanzen oder von Pflanzenfressern. Wir brauchen also nicht eigentlich die *Energie* der Sonne als solche. Diese geben wir ja wieder ab. Wir müssen Entropie abgeben, zusammen mit Wärme. Laser, Erde, Lebewesen sind eben keine abgeschlossenen Systeme; sie sind **offen**, von Energie durchströmt (Lit. 18, Seite 445).

4.2 Ändern des Aggregatzustands; chemische Reaktionen

(1) Was treibt chemische Reaktionen an? Man denkt bei spontanen Reaktionen gern an Wasser, das im Bach bergab fließt und dem Minimum seiner potentiellen Energie zustrebt. Dabei gibt es in einer *exothermen* Reaktion Wärme ab. Dieses „Streben zum Energieminimum" hin darf man aber nicht zu einem allgemeinen Erklärungsprinzip erheben (etwa nach Berthelot; Seite 90). Wegen der Energieerhaltung müßten ja andere Systeme diese Energie aufnehmen, also gegen ein solches Prinzip verstoßen.

(2) Deutlich wird dies bei *endothermen* Vorgängen, die Wärme brauchen, etwa beim Verdampfen. Hilft uns hier die Entropie weiter? Bei 100 °C steht Wasser im Gleichgewicht mit Dampf vom Druck 1013 mbar. Man kann langsam und reversibel Wärme zu-, aber auch abführen ($\Delta S_{irr} = 0$). Verkleinert man durch Abpumpen den Dampfdruck auf 1000 mbar, beläßt aber die Temperatur, kann Siedeverzug eintreten. Hebt man ihn auf, so siedet das Wasser explosionsartig. Dies ist ein irreversibler und zugleich endothermer Vorgang. Warum „zerfällt" hier das Wasser spontan, obwohl dazu Energie nötig ist?

a) Bei solchen Betrachtungen hat man schnell Erklärungen mit dem *Teilchenmodell* zur Hand; doch versagen sie hier: Die Luftmoleküle rücken bei Druckabnahme zwar weiter auseinander; aber schon vorher können Wassermoleküle bequem dazwischen diffundieren. Sie registrieren das Sinken des äußeren Drucks kaum. Bei solchen endothermen Vorgängen versagen auch Erklärungen mit *Energie*.

b) Betrachten wir nun die *Entropie* beim Verdampfen qualitativ: Beim kleineren Druck $p_2 < p_1$ hat 1 mol Dampf ein größeres Volumen ($V_2/V_1 = p_1/p_2 > 1$), also mehr

Entropie: $\Delta S = \mu \cdot R \cdot \ln (V_2/V_1) > 0$ *(Gl. 29);* die Zahl Ω der Möglichkeiten steigt (*Bild 17*). Bei vermindertem Druck erhöht also Verdampfen die Entropie. Damit werden wir auf Seite 29 quantitativ erklären, warum im Meer ständig riesige Wassermengen als Dampf hochsteigen, obwohl dazu Wärme nötig ist. Man versteht dann auch die Umkehrung, das Kondensieren.

(3) Eine nützliche Vorbereitung aus der Mechanik:

Ein Körper (Masse m, Ortsfaktor g) habe *nur* die Höhen(Lage-)Energie $W_h = m \cdot g \cdot h$. W_h ist eine *Zustandsgröße*, also unabhängig davon, wie man den Körper in die erhöhte Lage gebracht hat und wie er sie wieder verliert, ob dies z. B. reversibel oder irreversibel geschieht. Sagt diese Zustandsgröße etwas darüber aus,
- ob der Körper fällt und
- welche Nutzarbeit sich dabei gewinnen läßt?

a) Der Körper kann fallen, wenn h um Δh, also W_h um $\Delta W_h = m \cdot g \cdot \Delta h$ abnehmen kann (z. B. am Tischrand).

b) Bei reversibler Führung, etwa beim Heben eines andern Körpers (über eine reibungsfreie Rolle), läßt sich die maximale Arbeit $W_{max} = m \cdot g \cdot h$ gewinnen. Rutscht er aber langsam eine Rampe hinab, wird diese Energie irreversibel vergeudet: Dabei könnte man $W_{verg} = W_{max}$ aus der entwickelten Wärme ermitteln.

Leider wird Aussage (a) hinfällig, wenn der Körper oben auch noch kinetische Energie besitzt. Rührt sie von einer nach oben gerichteten Geschwindigkeit v_0, so steigt er zunächst, statt zu fallen. *Mit der Energie (Berthelot-Prinzip) lassen sich also keine Aussagen über die Richtung eines Prozesses machen.* Dies gilt erst recht für komplizierte Vorgänge, bei denen die ungeordnete Teilchenbewegung eine Rolle spielt, bei Phasenumwandlungen und chemischen Prozessen.

(4) Eine irreversible Verbrennung im Kalorimeter:

2 mol H_2 reagieren mit 1 mol O_2 zu 2 mol H_2O (je gasförmig); es gilt: $2\,H_2 + 1\,O_2 \rightarrow 2\,H_2O$. Wenn 2 mol H_2O entstehen, geht im Kalorimeter bei 298 K und dem konstanten Normdruck 1013 hPa die Wärme 2 · 242 kJ an die Umgebung, bei 1 mol also 242 kJ. Dabei sinkt das Gasvolumen ($\Delta V = -\,0{,}0224\ m^3$). Beim konstanten Druck p steuert die Atmosphäre die Kompressionsarbeit $-p \cdot \Delta V = +\,101\,300\ Pa \cdot 0{,}0224\ m^3 = 2{,}2\ kJ$ bei. Die innere Energie U von 1 mol nimmt also nur ab um 242 kJ – 2 kJ = 240 kJ; $\Delta U = -\,240$ kJ.

Man mißt im Kalorimeter nicht die Änderung von U, sondern die der *Enthalpie* $H = U + p \cdot V$ (Seite 70). Diese ändert sich um $\Delta H = \Delta U + \Delta(p \cdot V) = -\,240\ kJ - 2{,}2\ kJ = -\,242{,}2\ kJ$.

Man sagt, die **Reaktionsenthalpie** bei diesem Prozeß sei $\Delta H = -242$ kJ/mol. Diese wichtige Größe nennt man oft Verbrennungswärme, analog zur Kondensationswärme; das Minuszeichen zeigt, daß die beteiligten Substanzen nach der Reaktion weniger Enthalpie besitzen als vorher. Vorzeichen sind in der Thermodynamik wichtig.

(5) Der Einfachheit halber hat man die Enthalpien H der chemischen *Elemente* in ihrem „üblichen Vorkommen" (H_2, O_2 usw. bei 298,15 K = 25 °C) willkürlich zu Null gesetzt. Die Enthalpie $H = U + p \cdot V$ hat ja wie die innere Energie U keinen natürlichen Nullpunkt. Da in obiger Reaktionsgleichung sonst nur Elemente stehen, ist $\Delta \boldsymbol{H}_{\mathbf{Sub}} = -242$ kJ/mol zugleich die Enthalpie der **Substanz** H_2O(g) selbst, genauer des aus Substanzen und Atmosphäre bestehenden Systems (g bedeutet gasförmig). Die Enthalpie H_{Sub} der meisten Substanzen findet man – zusammen mit deren Entropie S_{Sub} – als *Zustandsgröße* in Tabellen; (siehe Schulchemiebücher; Dampftafeln der Turbinen-Techniker; Seite 78). Da in der Enthalpie mit dem Term $p \cdot V$ der Einfluß der Atmosphäre schon berücksichtigt ist, kann man H bei konstantem Druck bequemer anwenden als die prinzipiell gesehen wichtigere innere Energie U.

4.3 Die freie Enthalpie

(1) Bekanntlich macht Chemie um so mehr Spaß, je mehr es knallt, je mehr wertvolle Arbeit im Feuerwerk irreversibel vergeudet wird. Nun wissen wir, daß dabei nach dem 2. Hauptsatz **in abgeschlossenen Systemen** die Entropie irreversibel wächst, also $\boldsymbol{\Delta S_{\mathrm{irr}} > 0}$ ist (Seite 42). Bei $\Delta S_{\mathrm{irr}} = 0$ kommen Reaktionen zum Stillstand. Um diese fundamentalen Naturgesetze anwenden zu können, machen wir einen Trick: Wir erweitern in Gedanken das oben zur ΔH-Messung benutzte Kalorimeter zu einem abgeschlossenen System. Hierzu beziehen wir dessen „Umwelt" – das ganze Labor – mit ein. Es sei so groß, daß Wärmeübergänge und Gasbildung praktisch nur bei konstantem Druck p und bei konstanter Temperatur T stattfinden (*Bild 35*; Lit. 1, Seite 41):

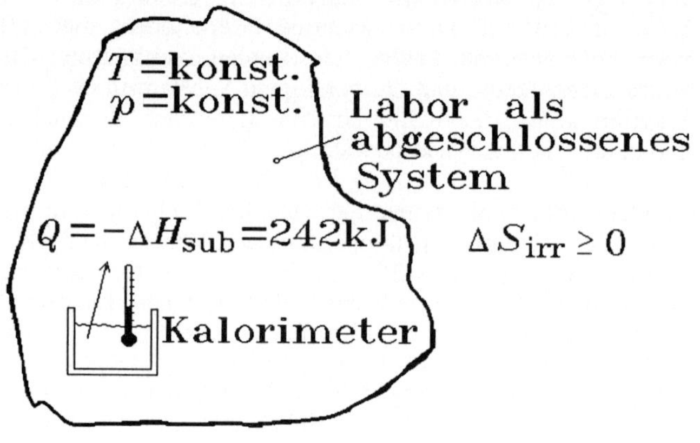

Bild 35 Um bei p = konst. und T = konst. ein abgeschlossenes System zu bekommen, erweitert man die reagierenden Substanzen durch Einbeziehen der „Umgebung". Diese nimmt bei 298 K die Wärme $Q = 242$ kJ und damit die Entropie $\Delta S = +\ 242$ kJ/298 K auf

(2) Im Kalorimeter ändern die *Substanzen* insgesamt ihre Enthalpie um $\Delta H_{\text{Sub}} = -\ 242$ kJ. Dabei nimmt die „Umwelt" bei $T = 298$ K die Wärme $Q = -\ \Delta H_{\text{Sub}} = +\ 242$ kJ und folglich die Entropie

$$\mathbf{\Delta S_{Umg} = Q/T = -\ \Delta H_{Sub}/T = +\ (242/298)\ kJ/K} \qquad \mathbf{(33)}$$

auf. Die Wärme Q soll nur bei T = konst. mit der Umgebung ausgetauscht werden, also reversibel. Dazwischen kann sich die Temperatur durchaus ändern.

Darüber hinaus laufen zwischen den Substanzen chemische Prozesse oder Phasenänderungen ab. Dabei ändert sich die Entropie dieser Substanzen selbst insgesamt um ΔS_{Sub} (Tabellen). Die Entropieänderung des aus Substanzen und Umwelt bestehenden, abgeschlossenen Gesamtsystems ist also:

$$\Delta S_{\text{ges}} = \Delta S_{\text{Sub}} + \Delta S_{\text{Umg}} = \Delta S_{\text{Sub}} - \Delta H_{\text{Sub}}/T. \qquad (34)$$

Ist $\Delta S_{\text{ges}} = 0$, so besteht im abgeschlossenen System Gleichgewicht (2. Hauptsatz). Vorgänge können dort nur dann ablaufen, wenn $\Delta S_{\text{ges}} > 0$ ist. Da dem abgeschlossenen Gesamtsystem keine Wärme zufließen kann, ist die Zunahme ΔS_{ges} insgesamt irreversibel. Es gilt: $\Delta S_{\text{ges}} = \Delta S_{\text{irr}}$ oder

$$\mathbf{\Delta S_{ges} = \Delta S_{Sub} - \Delta H_{Sub}/T = \Delta S_{irr} > 0.} \qquad \mathbf{(35)}$$

Bei $\Delta S_{\text{irr}} < 0$ würde die Reaktion nicht laufen. Von größter Bedeutung ist nun, daß sich *Gl. 35* nur auf die beteiligten *Substanzen* bezieht und S_{Sub} und H_{Sub} tabellierte *Zustandsgrößen* sind:

- In *Gl. 35* ist die benutzte „Umgebung" entfallen.
- S_{Sub} und H_{Sub} hängen nicht vom speziellen Prozeßverlauf ab, etwa seiner Geschwindigkeit, sondern nur vom Anfangs- und Endzustand.

- Der Prozeß kann also auch langsam und reversibel ablaufen, wenn man durch Zusatzkniffe die bei irreversiblem Lauf vergeudete Arbeit als sogenannte maximale Arbeit W_{max} gewinnt, etwa in galvanischen Zellen nach Seite 78 und 93.
- Beim vorliegenden irreversiblen Ablauf wird die Arbeit $W_{verg} = W_{max} = - T \cdot \Delta S_{irr} < 0$ vergeudet (als abgegebene Arbeit negativ; Seite 65).

(3) Wir bringen nun diesen anschaulichen und wichtigen Begriff $W_{verg} = - T \cdot \Delta S_{irr}$ in *Gl. 35* ein und kehren dort das Vorzeichen um:

$$W_{verg} = - T \cdot \Delta S_{irr} = \Delta H_{Sub} - T \cdot \Delta S_{Sub} < 0. \qquad (36)$$

$G_{Sub} = H_{Sub} - T \cdot S_{Sub} = U_{Sub} + p \cdot V - T \cdot S_{Sub}$ heißt **freie Enthalpie.** Das Wort „frei" bedeutet: Ihre Änderung ΔG_{Sub} ist eine Energie (in Joule gemessen), die man maximal gewinnen, aber auch vergeuden kann; man kann maximal über sie verfügen. ΔG_{Sub} läßt sich leicht berechnen: Man addiert die Tabellen-Werte für H und S der Endstoffe (rechte Seite der zugehörigen chemischen Gleichung; Seite 78), dann die der Ausgangsstoffe (linke Seite). Die Änderungen während der Reaktion („Endstoff – Ausgangsstoff") sind ΔH_{Sub}, ΔS_{Sub} und liefern nach *Gl. 36* (T = konst.; $\Delta T = 0$):

$$\Delta G_{Sub} = \Delta H_{Sub} - T \cdot \Delta S_{Sub} = W_{verg} = W_{max}. \qquad (36a)$$

So übernimmt G_{Sub} die Rolle der anschaulichen Höhenenergie W_h auf Seite 74, rührt aber nicht von einem *Energie*minimum, sondern vom *Entropie*maximum her. ΔH_{Sub} stammt ja aus dem Entropieterm $\Delta H_{Sub}/T$ in *Gl. 35.*

Man kann ΔG_{Sub} aber auch messen, und zwar bei sorgfältig reversiblem Lauf aus W_{max} (Seite 78 und 93). Für die an der Reaktion beteiligten Substanzen ist es ja gleichgültig, ob man diese reversibel oder irreversibel ablaufen läßt. Die Reaktion läuft von selbst ab, wenn (bei T und p konstant) für ΔG_{Sub} gilt:

$$\boldsymbol{\Delta G_{Sub} = \Delta H_{Sub} - T \cdot \Delta S_{Sub} < 0.} \qquad \textbf{(37)}$$

(4) Ergebnis (als Rechenvorschrift):

a) Mit Tabellenwerten (Seite 78) berechnet man

$$\boldsymbol{\Delta G_{Sub} = \Delta H_{Sub} - T \cdot \Delta S_{Sub}}. \qquad \textbf{(38)}$$

b) **Die Reaktion läuft (T und p konst.), wenn ΔG_{Sub} negativ ist, wenn die freie Enthalpie abnimmt.**
Man veranschaulicht dies mit einer „Talfahrt" von G (also nicht mehr von W_h wie in Seite 74:

$$\boldsymbol{\Delta G_{Sub} < 0.} \qquad (39)$$

c) Ist $\Delta G_{Sub} = 0$, besteht Gleichgewicht; nichts läuft. Im Gleichgewicht gilt für die Gesamtreaktion

$$\Delta G_{Sub} = 0. \tag{40}$$

Reaktionen mit $\Delta G_{Sub} > 0$ können nicht ablaufen.

d) Die maximal abgebbare, bzw. vergeudete Arbeit ist

$$W_{max} = \Delta G_{Sub} < 0, \tag{41}$$

als abgegebene Arbeit negativ.

e) Mit W_{max} könnte man eine gegenläufige Reaktion (z. B. Kondensieren statt Verdampfen) antreiben, sofern deren Betrag $|\Delta G|$ kleiner ist. Die Summe für beide Reaktionen wäre ja dann immer noch $\Delta G_{Sum} < 0$.

Hierauf basiert die Lehre vom Richtungssinn chemischer Reaktionen und vom chemischen Gleichgewicht.

Eine kritische Würdigung folgt auf Seite 89.

(5) Bezeichnungen der chemischen Thermodynamik

Die Enthalpie H_{Sub} eines Stoffs bei Normbedingungen (298,15 K und 1013 hPa (oder 1000 hPa); Index ^{0}) heißt *Standard-Bildungs-Enthalpie* $\Delta_f H^0$ und bezieht sich auf die Bildung (f: formation) des Stoffs aus seinen Elementen (für diese ist $H = 0$ gesetzt). Sie kann auf 1 mol (Index $_m$) oder 1 g (kg) bezogen sein.
Die Änderung ΔH_{Sub} der H-Werte bei einer Reaktion („End- minus Ausgangs-Stoffe") heißt *Reaktions-Enthalpie* $\Delta_R H^0$ mit der Einheit J/mol oder J/g.

Entsprechend wird S_{Sub} Standard-Entropie S^0 eines Stoffes bei Normbedingungen genannt und daraus die *Standard-Reaktionsentropie* $\Delta_R S^0$ von Reaktionen berechnet („End-minus-Ausgangs-Stoffe"; oben ΔS_{Sub}).

Aus $\Delta_R H^0$ und $\Delta_R S^0$ wird die *freie Standard-Reaktionsenthalpie* $\Delta_R G^0 = \Delta_R H^0 - T \cdot \Delta_R S^0$ gebildet (meist auf 1 mol bezogen).

(6) Reaktionen, die nicht gehemmt sind, verlaufen um so spontaner, je positiver $-\Delta G_{Sub} > 0$ ist. Man nennt deshalb $-\Delta G_{Sub} > 0$ oft **chemische Affinität**. Sie gibt den Betrag der bei sorgfältiger reversibler Führung maximal abgebbaren Arbeit an.

(7) Beispiel: In einem galvanischen Element fließen nach $Zn\,(f) + 2\,Ag^+ \rightarrow Zn^{++} + 2\,Ag\,(f)$ beim Umsetzen von 1 mol Substanz $z = 2$ mol Elektronen, also die Ladung $Q = 2 \cdot e \cdot N_A = 2 \cdot 96\,500$ C/mol. Unter reversiblen Idealbedingungen mißt man die Spannung $U = 1{,}56$ V $= 1{,}56$ J/C.

Somit ist die maximal abgebbare Arbeit (< 0): $W_{max} = \Delta G = -U \cdot Q = -1{,}56\ J \cdot C^{-1} \cdot 2 \cdot 96500\ C/mol = -301\ kJ/mol$.

Läuft dagegen die Reaktion irreversibel im Reagenzglas, so wird W_{max} vergeudet. Da $\Delta G = -301\ kJ/mol < 0$ ist, läuft dort die Reaktion in der angegebenen Richtung freiwillig. Man könnte sie mittels einer andern Reaktion mit größerem Betrag an maximaler Arbeit, also mit einer höheren Spannung, wieder zurücktreiben. Dies Spiel geschieht beim Auf- und Entladen von Akkus (Seite 93; Vertiefung auf Seite 116).

4.4 Verdampfen und Schmelzen

(1) Betrachten wir zunächst physikalische Beispiele. Besonders durchsichtig sind Phasenumwandlungen:

(2) Verdampfen von 1 g *Wasser* bei 100 °C = 373,15 K und dem Dampfdruck 1013 hPa: Die Dampftabellen der Techniker enthalten sehr genaue Angaben (Lit. 9, S. 430):

Bei 373,15 K gilt für 1 g *flüssiges* Wasser (fl):
Enthalpie $H' = 419{,}1\ J$; *Entropie* $S' = 1{,}3069\ J/K$

Für 1 g im Gleichgewicht stehenden *Dampf* (1013,3 hPa):
Enthalpie $H'' = 2676{,}0\ J$; *Entropie* $S'' = 7{,}3554\ J/K$
Daraus folgt für die freie Enthalpie beider Stoffe:

(fl): $G' = H' - T \cdot S' = -68{,}6\ J$
(g): $G'' = H'' - T \cdot S'' = -68{,}6\ J$.

Ihre Änderung ΔG beim Übergang flüssig → gas ist

$$\Delta G = G'' - G' = (H'' - H') - T(S'' - S') = \Delta H - T \cdot \Delta S = 0.$$

Bei 100 °C besteht also nach Seite 78 Gleichgewicht.

(3) Nun begründen wir die etwas provokativen Aussagen in Seite 9 und 73: Wenn man bei 100 °C = 373,15 K den Dampfdruck von $p_0 = 1013{,}3\ hPa$ auf $p_1 = 1000\ hPa$ senkt, ändern sich H' und S', also auch G' für 1 g *Wasser* als Zustandsgrößen nicht ($\mu = 1\ mol/18$).

Beim *Dampf*, einem idealen Gas, ist $p \cdot V = \mu \cdot R \cdot T$. Seine Enthalpie $H'' = U + p \cdot V = U + \mu \cdot R \cdot T$ steigt wegen T = konstant nicht ($\Delta U = 0$; $\Delta H'' = 0$). Doch nimmt die Entropie des Dampfs nach *Gl. 29* wegen $V_1/V_0 = p_0/p_1$ zu um

$$\Delta S'' = \mu \cdot R \cdot \ln (V_1/V_0) = \mu \cdot R \cdot \ln (p_0/p_1)$$
$$= (1\ mol/18) \cdot 8{,}31\ J \cdot K^{-1} \cdot mol^{-1} \cdot \ln (1013/1000)$$
$$= 0{,}00596\ J/K.$$

1 mol H_2O = (1·16 + 2·1) g H_2O

Also sinkt die freie Enthalpie des Dampfs um $\Delta G'' = \Delta H'' - T \cdot \Delta S'' = (0 - 373 \cdot 0{,}00596)\ J = -2{,}22\ J$.

Für die Reaktion Wasser → Dampf sinkt also bei Druckabnahme die Gesamtänderung ΔG von 0 auf einen negativen Wert. Deshalb verdampft Wasser bei Unterdruck. Bei Druckerhöhung dagegen wäre $\Delta G > 0$; die Gegenreaktion Kondensieren würde ablaufen.

(4) Die freie Enthalpie $G = U + p \cdot V - T \cdot S$ besitzt den *Druckkoeffizienten* $dG/dp = V$. Nun hat 1 g Dampf bei 373 K und 1013 mbar das Volumen $V = 1{,}67 \cdot 10^{-3}\,\mathrm{m}^3$. Bei der Druckänderung $\mathrm{d}p = -13{,}3$ hPa sollte sich G'' von 1 g Dampf ändern um

$$\mathrm{d}G'' = V \cdot \mathrm{d}p = 1{,}67 \cdot 10^{-3}\,\mathrm{m}^3 \cdot (-1330\,\mathrm{N/m}^2) = -2{,}22\,\mathrm{J}.$$

Dies bestätigt den obigen Wert und zeigt, daß man Rechnungen auch abseits der Normwerte ausführen kann (Ziffer (6); Massenwirkungsgesetz Seite 116).

(5) Schmelzen von 1 g Eis: [Eis → Wasser]

Künftig geben wir nicht mehr die Tabellenwerte H', H'', S' und S'' einzeln an, sondern nur noch deren Gesamtänderungen $\Delta H = H'' - H'$ und $\Delta S = S'' - S'$. Daraus folgt sofort $\Delta G = \Delta H - T \cdot \Delta S$ für die Gesamt-Reaktion. Wegen des Vorzeichens von ΔG muß man den Richtungssinn der Reaktion genau beachten (hier Eis → Wasser).

Bei 273,15 K (0 °C): Schmelzenthalpie $\Delta H = +334$ J
Schmelzentropie $\Delta S = +1{,}22$ J/K;

$\Delta G = \Delta H - T \cdot \Delta S = 334\,\mathrm{J} - 273{,}16 \cdot 1{,}22\,\mathrm{J} = 0$
(Gleichgewicht)

Bei 298,15 K (25 °C): Schmelzenthalpie $\Delta H = +388$ J
Schmelzentropie $\Delta S = +1{,}41$ J/K.

$$\Delta G = \Delta H - T \cdot \Delta S = 388\,\mathrm{J} - 298 \cdot 1{,}41\,\mathrm{J} = -32\,\mathrm{J} < 0 \qquad (42)$$

Bei 25 °C schmilzt Eis wegen $\Delta G < 0$; bei 0 °C dagegen hat $\Delta G = 0$ den scharfen Schmelzpunkt erzwungen. Energiebetrachtungen helfen nicht: Bei 25 °C würde man 54 J mehr an Schmelzwärme (ΔH) brauchen als bei 0 °C; was also bevorzugt den geschmolzenen Zustand dort? Erst der Entropieterm $-T \cdot \Delta S$ macht $\Delta G = \Delta H - T \cdot \Delta S$ wegen des angestiegenen T-Faktors (25 °C) genügend stark negativ (man rechne *Gl. 42* mit $T = 273$ K; ΔH und ΔS steigen bei Temperaturerhöhungen etwa gleich schnell). Daß Eis schmelzen kann, bestimmt der 1. Hauptsatz; ob Eis schmilzt, bestimmt nur der 2.. Dies zeigt sich besonders bei Salzzugabe (Seite 87).

(6) Die freie Enthalpie $G = U + p \cdot V - T \cdot S$ hat den Temperaturkoeffizienten $\mathrm{d}G/\mathrm{d}T = -S$. Der Mittelwert von ΔS in Ziffer (5) im Bereich 0 °C ... 25 °C ist $\Delta S_m \approx 1{,}3$ J/K. Bei $\mathrm{d}T = 25$ K wird so $\mathrm{d}G = -\Delta S_m \cdot \mathrm{d}T \approx -1{,}3\,\mathrm{J/K} \cdot 25\,\mathrm{K} = -32{,}5\,\mathrm{J}$ (*Gl. 42* lieferte $\Delta G = -32$ J).

4.5 Zur Thermodynamik chemischer Reaktionen

(1) Ideale Oxidation von Graphit ($C + O_2 \rightarrow CO_2$)

C und O_2 gehen in CO_2 über. Der bekannte Heizwert + 393,51 kJ/mol liefert nach Seite 75 die Änderung der Enthalpie zu $\Delta H = -393{,}51$ kJ/mol. Aus Tabellen für CO_2, C (Graphit) und O_2 folgt die gesamte Entropie*zunahme* der Substanzen (in dieser Reihenfolge) zu

$$\Delta S = S(CO_2) - S(C) - S(O_2)$$
$$= (213{,}74 - 5{,}74 - 205{,}14)\ \text{J/(mol} \cdot \text{K)}$$
$$= +2{,}86\ \text{J/(mol} \cdot \text{K)} > 0.$$

Bei $T = 298{,}15$ K beträgt die maximal abgebbare Arbeit

$$W_{max} = \Delta G = \Delta H - T \cdot \Delta S = -(393{,}51 + 0{,}853)\ \text{kJ/mol} < 0$$

(als abgegebene Arbeit negativ). Bei einer idealen, reversiblen Oxidation (in Brennstoffzellen) könnten also theoretisch 0,853 kJ/mol mehr Arbeit abgegeben werden, als der Heizwert 393,51 kJ/mol angibt! Da $\Delta S_{Sub} > 0$ ist, hat nämlich das Endprodukt CO_2 mehr Entropie als die Ausgangsstoffe. Beim hier betrachteten reversiblen Prozeß darf Entropie aber nicht irreversibel entstehen. Vielmehr fordert sie als Herrin über die Energie von außen die Wärme $Q_{rev} = T \cdot \Delta S$ an und erhöht so den Betrag von W_{max} über den von ΔH.

(2) Bei der **idealen Oxidation von Wasserstoff** zu flüssigem Wasser bei 298,15 K ist $\Delta H = -285{,}83$ kJ/mol,

$$\Delta S = S(H_2O) - S(H_2) - \tfrac{1}{2} S(O_2)$$
$$= (69{,}91 - 130{,}68 - \tfrac{1}{2} \cdot 205{,}14)\ \text{J/(mol} \cdot \text{K)}$$
$$= -0{,}16334\ \text{kJ/(mol} \cdot \text{K)} < 0\ \text{(Gase verschwinden).}$$
$$W_{max} = \Delta G = \Delta H - T \cdot \Delta S = (-285{,}83 + 48{,}7)\ \text{kJ/mol}$$
$$= -237{,}13\ \text{kJ/mol.}$$

Jetzt können bei reversiblem Vorgehen nur 237 kJ/mol, also 83% des Brennwerts 286 kJ/mol als Arbeit abgehen. Wegen $\Delta S_{Sub} < 0$ hat das Endprodukt H_2O weniger Entropie als H_2 und O_2. Da Entropie nicht verschwinden kann, fließt die Differenz in die Umgebung. Dies kann nur zusammen mit dem Wärmeabfluß $Q_{rev} = T \cdot \Delta S = -49$ J/mol geschehen.

Beim Verbrennen von Graphit (oben) wird $T \cdot \Delta S$ angefordert. Man nennt $T \cdot \Delta S$ oft „gebundene Wärme" oder „gebundene Energie" (Seite 83). Wie wir sehen, ist der Weg der Energie – wie bei den Wärmekraftmaschinen – von der „Herrin" Entropie vorgeschrieben.

Bemerkung: Man spricht von Brennwert H_o (oberer Heizwert), wenn flüssiges Wasser entsteht und vom (unteren) Heizwert $H_u < H_o$, wenn H_2O gasförmig bleibt, also die Kondensationswärme entfällt.

(3) Allgemeines zum Energieumsatz bei Reaktionen

a) Isotherme Expansion von Druckluft: Die innere Energie U der Luft bleibt, dagegen steigt ihre Entropie S wegen der Volumenzunahme ($\Delta S > 0$). Bei reversiblem Vorgehen darf aber keine Entropie neu entstehen; vielmehr wird Entropie von außen mit der Wärme $Q_{rev} = T \cdot \Delta S$ angefordert und dafür als maximale Nutzarbeit $W_{max} = Q_{rev}$ abgegeben. Bei der irreversiblen Ausdehnung ins Vakuum dagegen wird weder Arbeit abgegeben noch Wärme angefordert. Die Entropie entsteht neu als ΔS_{irr}. Dies entspricht der irreversiblen Verbrennung mit ihrer Vergeudung von maximaler Arbeit.

b) Entsprechendes geschieht bei chemischen Reaktionen und Phasenänderungen. Wenn dabei aber p und T konstant bleiben sollen, ist ΔU durch ΔH zu ersetzen. Weil ΔH die Volumenarbeit $p \cdot \Delta V$ schon berücksichtigt, wird $W_{max} = \Delta G$ als $|W_{el}| = U \cdot Q_e = |\Delta G|$ in galvanischen Zellen gemessen. Die Vorgänge werden sehr durchsichtig, wenn man die Entropie als Herrin über die Energie betrachtet und der Energie (als Bilanz-Buchhalterin) nur eine Kontroll-Funktion einräumt. In diesem Sinne besprechen wir *Tabelle 3:*

1	2	3	4	5	6
Reaktion	ΔH	$T \cdot \Delta S$	$\Delta G =$ $\Delta H - T \cdot \Delta S$	**Reversibel** $\lvert W_{max} \rvert = W_{el} = -\Delta G$	**Irreversibel** $\lvert Q \rvert = -\Delta H$
(I) $C + O_2 \rightarrow CO_2$	− 393 Heizwert	+1	− 394	+394 S fordert Q aus Umgebung	+393 S_{irr} gebildet
$2\,H_2 + O_2 \rightarrow 2\,H_2O$: **(II)** bei 298 K	− 484 Heizwert	− 26	− 458	+458	+484
				S-Abnahme zwingt *Q* in die Umgebung	
(III) bei 6000 K	− 484	− 523	**+39** (!) nicht möglich	$\Delta G = +39 > 0$ S würde mehr Q abführen als aus ΔH verfügbar wäre	
$H_2O + C \rightarrow CO + H_2$: **(IV)** bei 1000 K	+131 endotherm	+134	− 3	+3 S fordert mehr Q an als nötig	− 131 Teil von *S*-Forderung irr. gedeckt
(V) bei 298 K	+131	+39	**+92** nicht möglich	$\Delta G = +92 > 0$ S würde zu wenig Q anfordern	

Tabelle 3 Die 5 möglichen Vorzeichen- und Größen-Kombinationen für ΔH und ΔS, je mit einem Beispiel; S bedeutet Entropie, Q Wärme, W_{el} elektrische Arbeit $U \cdot Q_{el}$. Reaktionen laufen, wenn $\Delta G < 0$ ist. Die Paare (II-III) und (IV-V) machen bei jeweils gleicher Reaktion den Einfluß der Temperatur in $T \cdot \Delta S$ deutlich. Die Temperaturabhängigkeit von ΔH und ΔS ist vernachlässigt

c) **Reversible Prozesse** *(Tabelle 3*, 5.Spalte):

In idealen galvanischen Elementen kann eine reversible Reaktion mehr an wertvoller Energie liefern als beim irreversiblen Prozeß an Wärme im Kalorimeter (6. Spalte). Dies bestimmt die Entropie:

Bei den Reaktionen **(I), (IV) und (V)** nimmt die Entropie der Substanzen zu (3. Spalte; $\Delta S > 0$). Als Herrin über die Energie fordert sie die Wärme $Q = T \cdot \Delta S > 0$ aus der Umgebung an ($\Delta S_{irr} = 0$!). Galvanische Elemente können deshalb bei (I) mehr Energie W_{el} (394 kJ) liefern, als man nach ihrem Heizwert $|\Delta H|$ (393 kJ) erwarten würde.

Bei endothermen Reaktionen **(IV)** fordert die Entropie sogar mehr Wärme $T \cdot \Delta S$ (134 kJ) an, als die Substanzen nach ΔH (131 kJ) brauchen (ähnlich bei expandierender Preßluft); also ist $W_{el} > 0$ (3 kJ).

In **(V)** fordert die Entropie zu wenig Wärme an (39 kJ), um den Energiebedarf der Substanzen (131 kJ) zu decken; die Reaktion läuft nicht; die Erhaltungsgröße Energie legt ihr Veto ein.

Bei **(II)** dagegen geben die Substanzen Entropie ab ($\Delta S < 0$); sie muß mit Wärme $Q_{rev} = T \cdot \Delta S$ (– 26 kJ) abfließen (Arbeit ist entropiefrei). Diese Energieabgabe senkt die abgegebene Nutzarbeit $|W_{max}| = |\Delta G|$ (458 kJ) unter den Heizwert (484 kJ). – Auch bei **(III)** müßte Entropie abfließen ($\Delta S < 0$); der damit erzwungene Wärmeabgang $T \cdot \Delta S$ (– 523 kJ) wäre aber größer als eine Energieabgabe der Substanzen ΔH (– 484 kJ). Die Reaktion läuft nicht, obwohl die Energieabnahme (– 484 kJ) eine angebliche Tendenz zum Energieminimum befriedigen würde.

d) Irreversibler Ablauf (Tabelle 3, 6. Spalte):

Nun wird im Kalorimeter die Substanzenergie (ΔH_{Sub}) nur durch Wärme, nicht auch wie im reversiblen Fall durch Arbeit geändert. Auch kann nun bei **(I)** die Entropie ihrem Trend folgen und so stark irreversibel zunehmen ($\Delta S_{irr} > 0$), daß weder Entropie noch Wärme zufließen müssen.

Folgen: Bei der Reaktion **(IV)** genügt es wegen $\Delta S_{irr} > 0$, daß an Wärme nur ΔH zufließt (131 kJ, nicht 134 kJ). – Da bei **(II)** nun nicht Arbeit, sondern Wärme abgeht, fließt damit Substanzentropie ab ($\Delta S < 0$). Die nach Spalte 6 gelieferte Wärme 484 kJ ist größer als die maximale Arbeit 458 kJ bei reversiblem Verlauf und gleich ΔH. Den irreversiblen wie den reversiblen Ablauf von **(III)** und **(V)** verbietet nach Seite 77 die Entropie wegen $\Delta G > 0$ (Entropiemaximum im erweiterten System).

(4) Verbrennung von Isooctan
(Flugbenzin; definiert Oktanzahl 100):

C_8H_{18} (Gas) + 12½ $O_2 \rightarrow 8\,CO_2 + 9\,H_2O$ (Gas)

Bei 298,15 K: Reaktionsenthalpie $\Delta H = -5101$ kJ
Reaktionsentropie $\Delta S = +0{,}422$ kJ/K
$\Delta G = \Delta H - T \cdot \Delta S = -5101\text{ kJ} - 126\text{ kJ} = -5227\text{ kJ} < 0.$

Die in reversibler Reaktion maximal abgebbare Arbeit wäre $\Delta W_{max} = \Delta G = -5227$ kJ (Seite 78; als abgegebene Arbeit negativ).

Reines Verbrennen liefert überhaupt keine Arbeit; man hat den ganzen Betrag $-\Delta G = +5227$ kJ vergeudet. Im Verbrennungs-Motor erhält man bei 20% Wirkungsgrad nur ca. 1000 kJ an Arbeit. Da in der Enthalpie H die Volumenarbeit $p \cdot V$ schon enthalten ist, versucht man elektrisch durch Brennstoffzellen das Maximum ΔG an Arbeit durch reversible Elektronenverschiebung herauszuholen (Seite 93). Wegen technischer Unzulänglichkeiten werden aber dabei statt $|\Delta W_{max}| = |\Delta G| = 5227$ kJ höchstens 3000 kJ Arbeit abgegeben.

Nach der Reaktionsgleichung steigt die Gasmenge von 13,5 mol auf 17 mol. Deshalb ist die Entropie der Endprodukte größer: $\Delta S = +0{,}422$ kJ/K. Bei reversibler Führung kann S nicht irreversibel zunehmen, sondern nur zusammen mit der Wärme $Q_{rev} = T \cdot \Delta S = 126$ kJ von außen angefordert werden. Diese zusätzliche Energie führte – im Idealfall – zu der um 126 kJ größeren maximal abgebbaren Arbeit

$$\Delta W_{max} = \Delta G = \Delta H - T \cdot \Delta S = -5101\text{ kJ} - 126\text{ kJ} = -5227\text{ kJ!}$$

Da die Gasmenge um $\Delta\mu = 3{,}5$ mol steigt, beträgt die Volumarbeit gegen den Luftdruck $p \cdot \Delta V = \Delta\mu \cdot R \cdot T = 3{,}5 \cdot 8{,}31 \cdot 298\text{ J} \approx 9$ kJ. Die innere Energie $U = H - p \cdot V$ ändert sich beim Verbrennen von Oktan um mehr als ΔH, nämlich um $\Delta U = \Delta H - p \cdot \Delta V = (-5101 - 9)\text{ kJ} = -5110$ kJ.

4.6 Vorgänge mit Misch-Entropie

(1) Osmotischer Druck

a) Salze erzeugen in Wasser einen erheblichen osmotischen Druck p. Jedem, der kausal denkt, erscheint es paradox, daß das Lösungsmittel Wasser gegen diesen Druck durch semipermeable Wände in die Lösung gezogen wird. Was treibt es dazu? Etwa die Entropie?

Nach *Bild 36* enthalte das Volumen V_1 die Wassermenge μ_L mol und μ_S mol NaCl; durch den für Wasser semipermeablen Kolben ist rechts reines Wasser abgetrennt. Die Lösung habe den osmotischen Druck p. Der Kolben wird um $\Delta V \ll V_1$ nach rechts geschoben. Maximal müßte er die Arbeit $W_{max} = -p \cdot \Delta V < 0$ abgeben. Während sich am Wasser beim Durchsetzen der Wand nichts ändert, steigt das Volumen der molaren Salzmenge μ_S von V_1 auf $V_2 = V_1 + \Delta V$ und ihre Entropie wegen $\Delta V > 0$ um

$$\Delta S = \mu_S \cdot R \cdot \ln (V_2/V_1) = \mu_S \cdot R \cdot \ln ((V_1 + \Delta V)/V_1) \approx$$
$$\mu_S \cdot R \cdot \ln (1 + \Delta V/V_1) \approx \mu_S \cdot R \cdot \Delta V/V_1$$

(siehe *Gl. 29;* Taschenrechner zeigt z. B. ln 1,002 ≈ 0,002).

Die freie Enthalpie sinkt um
$\Delta G = \Delta H - T \cdot \Delta S \approx \Delta H - \mu_S \cdot R \cdot T \cdot \Delta V/V_1$.

Bei reversiblem Lauf wäre die maximale Arbeit *(Gl. 41):*

$$W_{max} = -p \cdot \Delta V = \Delta G = \Delta H - \mu_S \cdot R \cdot T \cdot \Delta V/V_1. \qquad (43)$$

Nun haben in stark verdünnten Lösungen ($\mu_S \ll \mu_L$) die Salzteilchen kaum Kontakt zueinander, ziehen sich also untereinander kaum an. Folglich ändert das Einschieben weiterer Wasserteilchen zwischen die im Übergewicht vorhandenen andern die Energie kaum; wir setzen $\Delta H \approx 0$ (Hydratationseffekte bei einzelnen Salzteilchen können zwar groß sein, ändern sich aber kaum noch). Die beschriebene „Reaktion" läuft spontan,wenn in *Gl. 43* $\Delta G < 0$ ist. Dies tritt bei der angenommenen Volumvergrößerung $\Delta V > 0$ tatsächlich ein:

- Wegen $\Delta V > 0$ wird der Kolben nach rechts verschoben, Wasser dringt durch dessen Poren nach links in die Lösung und vermindert deren Konzentration.
- Der Kolben registriert den aus *Gl. 43* folgenden experimentell wohlbekannten osmotischen Druck $p = +\mu_S \cdot R \cdot T/V_1$ oder

$$p \cdot V_1 - \mu_S \cdot R \cdot T. \qquad (44)$$

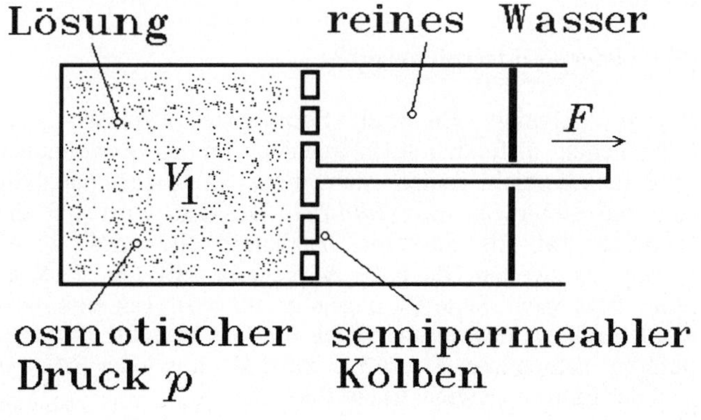

Bild 36 Der Kolben wird wegen des osmotischen Drucks p der linken Salzlösung nach rechts geschoben; bei Umkehrosmose preßt man den Kolben nach links; rechts erhält man dann (fast) reines Wasser

Die kleinen Wasserteilchen haben beidseits des für sie durchlässigen Kolbens den gleichen Partialdruck. Auf den Kolben üben die großen Salzteilchen nach dem benutzten 2. Hauptsatz eine zusätzliche Druck-Kraft so aus, als ob sie sich ideal-frei im Vakuum bewegen würden. Diese Kraft verschiebt den Kolben nach rechts und treibt so Wasser nach links (Lit. 11, Seite 293). Die bei diesem reversiblen Vorgang frei werdende Energie ist die berechnete maximale Arbeit ΔW_{max} (Seite 78). Können jedoch die Salzteilchen frei in reines Wasser diffundieren, so ist der Vorgang wegen der beim Ausdehnen anwachsenden Entropie irreversibel. ΔW_{max} würde dann vergeudet. Der Kolben macht die Diffusion reversibel. Wir haben ähnliche Vorgänge wie beim Ausdehnen von Preßluft nach *Bild 2* bzw. *3.* – Daß sich Salzteilchen in Lösung nach *Gl. 44* wie freie Gasmoleküle verhalten, ist eine starke Stütze für die allgemeine Aussagekraft der Thermodynamik.

(2) Meerwasser-Entsalzung

Die Diffusion, die in THERM4 irreversibel abläuft, wird bei der Meerwasserentsalzung mit Hilfe des semipermeablen Kolbens umgekehrt (Umkehrosmose). Man verschiebt diesen unter Arbeitsaufwand $W = -p \cdot \Delta V > 0$ gegen den osmotischen Druck p nach links ($\Delta V < 0$). Dann fließt (fast) reines Wasser nach rechts:

Beispiel: 1 kg Meerwasser ($V_1 = 0{,}001\ m^3$) enthalte 35 g NaCl (Molmasse 58,5 g). Dies sind 0,6 mol Na^+-Ionen und 0,6 mol Cl^--Ionen, insgesamt also $\mu_S = 1{,}2$ mol (35/58,5 = 0,6). Bei $T = 288$ K erzeugen sie wie ein ideales Gas nach *Gl. 44* den großen osmotische Druck $p = 1{,}2\ mol \cdot 8{,}13 (J/mol \cdot K) \cdot 288\ K/0{,}001\ m^3 = 28 \cdot 10^5\ Pa$ $= 28$ bar.

Zu einer Kolbenverschiebung von $\Delta V = -1\ m^3$ braucht man $W = -p \cdot \Delta V = 28 \cdot 10^5\ J \approx 0{,}8$ kWh Arbeit (Kosten ca. 20 Pf)! Für schnelle Entsalzung ist ein etwa 3 mal so großer Druck nötig (Lit. 9, Seite 113; auf Lanzarote bezahlen Endverbraucher für 1 m^3 frei Haus je nach Entsalzungsgrad um 10 DM).

(3) Gefrierpunktserniedrigung:

Warum schmilzt Eis bei Salzzugabe? Wasser- und Salzteilchen diffundieren ineinander. Im so gewonnenen größeren Bereich finden sich mehr Mikrozustände; die Entropie steigt um ΔS *(Bild 22)*. Deshalb wird bei der Reaktion Salz-Eis die freie Enthalpie $\Delta G = \Delta H - T \cdot \Delta S$ wegen des zweiten Glieds $T \cdot \Delta S$ negativ (bei $T = 273$ K ist ohne Salz nach Seite 80 dagegen $\Delta G = 0$). Eis und Salz werden flüssig, obwohl man dazu Energie braucht! Bei einer tieferen Temperatur $T < 273$ K wird dann wieder $\Delta G = 0$. Erst der Entropiegewinn erklärt dies.

A) Wir wollen die Änderung des Gefrierpunkts T_0 vom Lösungsmittel L berechnen, brauchen also nach *Gl. 38* nur die Werte ΔH_L und ΔS_L des Lösungsmittels (Wasser).

B) Bei stark verdünnten Lösungen ändert sich ΔH_L des Lösungsmittels selbst beim Zwischenschieben weiterer Moleküle kaum (siehe Text nach *Gl. 43).* Wir sehen von einem Energiegewinn ΔH_L des Lösungsmittels ab.

C) Nach dem Erfolg bei *Gl. 44* suchen wir Anschluß an ein ideales Gas (M. PLANCK dachte sich Eis und Salz vorübergehend in den idealen Gaszustand versetzt; ob diese kühne Interpretation erlaubt ist, muß die Erfahrung zeigen). Dehnt sich 1 mol Gas vom Volumen V_1 auf $V_2 = V_1 + \Delta V$ aus, so steigt seine Entropie je mol nach *Gl. 29* um

$\Delta S = R \cdot \ln((V_1 + \Delta V)/V_1) = R \cdot \ln(1 + \Delta V/V_1) \approx R \cdot \Delta V/V_1$ (für $\Delta V \ll V_1$).

D) Die Teilchen der Menge μ_L des Lösungsmittels haben nach Zugabe von Salzteilchen der Menge μ_S mehr Spielraum, mehr Verteilungs-Möglichkeiten Ω. Nach *Bild 17* entspricht μ_S also der Zunahme ΔV an „Volumenkästchen" bei Gasteilchen; μ_L entspricht V_1. Die Entropie je mol des allein zu betrachtenden Lösungsmittels sollte also analog zum Gas ($\Delta S = R \cdot \Delta V/V_1$) durch sogenannte Mischungsentropie zunehmen um

$$\Delta S_M = R \cdot \mu_S/\mu_L \text{ mit } \mu_S \ll \mu_L. \tag{45}$$

Für reines Lösungsmittel L (Wasser) gilt nach Seite 80 im Gleichgewicht bei T_0 (273 K) je mol:

$$\Delta G_L = \Delta H_L - T_0 \cdot \Delta S_L = r - T_0 \cdot \Delta S_L = 0. \tag{46}$$

Dabei ist $\Delta H_L = r = (18\ \text{g/mol}) \cdot 334\ \text{J/g} = 6010\ \text{J/mol}$ die molare Schmelzwärme des Lösungsmittels Wasser und $\Delta S_L = \Delta H_L/T_0 = r/T_0$ dessen molare Entropieänderung.

In der stark verdünnten Lösung ändert sich $r = \Delta H_L$ nach (B) nicht; bei weiterer Zugabe von viel Wasser tritt kein Energie-Effekt auf. Dagegen wird die molare Entropie des Lösungsmittels durch das Salz von $\Delta S_L = r/T_0$ um die Mischungsentropie ΔS_M *(Gl. 45)* erhöht auf

$$\Delta S_L + R \cdot \mu_S/\mu_L = r/T_0 + R \cdot \mu_S/\mu_L. \tag{47}$$

Beim Lösen ändert sich T um ΔT; für den neuen Schmelzpunkt $T_0 + \Delta T$ der Lösung gilt statt *Gl. 46*

$$\Delta G_L' = r - (T_0 + \Delta T) \cdot (r/T_0 + R \cdot \mu_S/\mu_L) = 0. \tag{48}$$

Die Temperaturänderung ΔT des Schmelzpunkts nach Salzzugabe beträgt (da $\Delta T \cdot R \cdot \mu_S/\mu_L$ als Produkt der kleinen Größen ΔT und μ_S/μ_L vernachlässigbar):

$\Delta T = -(R \cdot T_0^2/r) \cdot (\mu_S/\mu_L)$. (49)

1000 g Wasser enthält $\mu_L = 1000$ g/(18 g/mol) = 55,5 mol. Löst man die Salzmenge μ_S in 1000 g Wasser, so erhält man die auch experimentell sehr gut bestätigte

Gefrierpunktserniedrigung $\Delta T = -1{,}86\ \mu_S$ K/mol. (50a)

Der Gefrierpunkt sinkt um 1,86 K, wenn man $\mu_S = 1$ mol einer nicht dissoziierenden Substanz zu 1000 g Wasser gibt. Bekanntlich bestimmt man damit Molekular„gewichte" oder den Dissoziationsgrad. Der Vorgang hängt von der Teilchenzahl, kaum von der chemischen Beschaffenheit ab, was obige Überlegungen bestätigt.

(4) Siedepunktserhöhung

Salz erhöht auch den Siedepunkt. Da hier die reine Phase (Dampf statt Eis) die höhere Temperatur hat, erfolgt das Mischen beim Kondensieren (oben war es beim Schmelzen). Man ersetzt in *Gl. 49* die Schmelzwärme r durch die molare Kondensationswärme $s' = -18 \cdot 2258$ J/mol = – 40650 J/mol (negativ, da beim Kondensieren abgeführt) und $T_0 = 273$ K durch 373 K. Wenn man die obigen kühnen Annahmen auch hier gelten läßt, folgt für die Siedepunktserhöhung der ebenfalls ausgezeichnet bestätigte Wert
$\Delta T = -(R \cdot T_0^2/s') \cdot (\mu_S/\mu_L)$, bei Wasser

Siedepunktserhöhung $\Delta T = +0{,}51\ \mu_S$ K/mol. (50b)

4.7 Andere Prozeßbedingungen

Wir haben bisher Reaktionen bei konstantem Druck und konstanter Temperatur betrachtet. Was ergibt sich bei anderen Bedingungen?

(1) In einem total abgeschlossenen System gilt:

- Die Gesamtenergie ist konstant; das System kann weder Arbeit noch Wärme, also auch keine Entropie (reversibel), nach außen abgeben.
- Reaktionen laufen genau dann ab, wenn $\Delta S_{irr} > 0$ ist. Im Gleichgewicht ist $\Delta S_{irr} = 0$ (außer Fluktuationen).
- Die Wände sind starr; entstehen Gase, so steigt der Druck im abgeschlossenen Reaktionsgefäß.
- Die Temperatur kann steigen, aber auch genau so gut sinken, etwa bei endothermen Vorgängen.

(2) Reaktionen bei konstantem Volumen, etwa in einer kalorischen Bombe. Sie ist arbeitsmäßig abgeschlossen, kann aber noch Wärme an ein Wasserbad abgeben:

- Wärme und damit Entropie können nach außen treten, aber auch von dort zufließen. Doch hält das Wasserbad die Temperatur konstant ($\Delta T = 0$).
- Die Wände sind wie in 4.7 (1) starr ($\Delta V = 0$); der Druck kann beim Bilden von Gasen steigen.

Ähnlich wie auf Seite 75 erweitert man hier das System durch Einbeziehen der Umwelt so, daß die Bedingung $\Delta S_{irr} > 0$ für das Ganze zutrifft (Seite 76): Die innere Energie U_{Sub} der reagierenden Substanzen ändert sich um ΔU_{Sub}, indem die Wärme $Q = \Delta U_{Sub}$ zufließt und die Entropie der Umgebung um $\Delta S_{Umg} = -Q/T = -\Delta U_{Sub}/T$ ändert (T konstant). Die Reaktion läuft spontan, wenn

$\Delta S_{ges} = \Delta S_{Sub} + \Delta S_{Umg}$
$= \Delta S_{Sub} - \Delta U_{Sub}/T > 0$, also

$\Delta F = \Delta U_{Sub} - T \cdot \Delta S_{Sub} < 0$ ist.

Hier tritt die freie Energie $F = U - T \cdot S$ an Stelle der freien Enthalpie G und darin U an Stelle von H. Hier entfällt ja die Volumarbeit $p \cdot \Delta V$ wegen $\Delta V = 0$.

(3) Druck p und Temperatur T bleiben konstant. Dies ist der häufigste, schon oben ausführlich betrachtete Fall. Die Volumbegrenzung der kalorischen Bombe fehlt; wegen $\Delta V \neq$ konst. ist zusätzlich die Volumarbeit $p \cdot V$ zu beachten. H tritt an Stelle von U, die freie Enthalpie G an Stelle der freien Energie $F = U - T \cdot S$.

4.8 Zur Auslegung chemischer Reaktionen

(1) In allen drei Fällen von Ziffer 4.7 laufen Reaktionen nur dann ab, wenn im Gesamtsystem $\Delta S_{irr} > 0$, also der 2. Hauptsatz erfüllt ist. Dieser enthält nur Aussagen zur Entropie, nicht aber zur Energie. Die Energie dagegen tritt in $\Delta G_{Sub} = \Delta H_{Sub} - T \cdot S_{Sub}$ nur wegen der an die Umwelt abgegebenen Entropie $\Delta H_{Sub}/T$ auf (*Gl. 33*). Erst durch Multiplikation mit T wird daraus eine Energie!

Das Minuszeichen verleitet dazu, $\Delta G_{Sub} = \Delta H - T \cdot \Delta S < 0$ so zu deuten, als ob Energie und Entropie miteinander „ringen" würden. Man sagt oft: „Nach einem (angeblichen) Prinzip vom Energieminimum soll in 1. Linie der Energieterm ΔH möglichst negativ sein (Berthelot-Prinzip bei exothermen Prozessen)". Reicht dies nicht aus, so fordert man, daß „ΔS wegen eines zusätzlichen Entropieprinzips möglichst positiv sein müsse".

Doch läßt sich kein Naturgesetz ausmachen, das dabei den Schiedsrichter spielen sollte. Wer also Betrachtungen zur Reaktionsrichtung mit dem Berthelotschen Prinzip (Energieterm $\Delta H < 0$) einleitet, fixiert auf das nicht existierende und schon in sich widersprüchliche Prinzip vom

Energieminimum (Seite 9 und 74). Solche Darlegungen finden sich häufig; sie verschleiern die führende Rolle der Entropie; diese ist dann nur noch für lästige, schwer verständliche Nebeneffekte gut! Nach dem 2. Hauptsatz $\Delta S_{irr} > 0$ gibt es kein Abwägen zwischen Energie und Entropie!

(2) Hat man die Rolle der Entropie genügend herausgestellt, dann kann man im Hinblick auf die beteiligten Substanzen (nicht im Hinblick auf das Gesamtsystem) sagen: Reaktionen sind begünstigt, wenn gilt (wohlgemerkt nur bei p = konst und T = konstant):

a) $\Delta H_{Sub} < 0$. Diese exothermen Reaktionen geben bei irreversiblem Lauf an die Umgebung Wärme ab; so erhöhen sie die Entropie des erweiterten Gesamtsystems, was nach $\Delta S_{irr} > 0$ die Reaktion fördert.

b) $\Delta S_{Sub} > 0$ gilt bei Zunahme der Mikrozustände in den reagierenden Substanzen (etwa bei Gasbildung). Wie *Bild 22* zeigt, hilft hier die statistische Deutung nach dem Boltzmann-Prinzip oft schon an Hand qualitativer Überlegungen.

c) Ist $\Delta H_{Sub} > 0$ (endotherme, Wärme aufnehmende Reaktionen), so muß nach $\Delta G = \Delta H_{Sub} - T \cdot \Delta S_{Sub} < 0$ auch $T \cdot \Delta S_{Sub} > 0$ sein, genauer $T \cdot \Delta S_{Sub} > \Delta H_{Sub}$. Die Entropie der Substanzen muß also deutlich zunehmen.

d) $\Delta H_{Sub} > 0$ und zugleich $\Delta S_{Sub} < 0$ schließt $\Delta G_{Sub} = \Delta H_{Sub} - T \cdot \Delta S_{Sub} < 0$ und damit eine Reaktion in dieser Richtung aus. Die Gegenreaktion kann ablaufen.

4.9 Gummi-Kraft als Entropie-Kraft; Adiabatische Abkühlung zum absoluten Nullpunkt

(1) Gummi besteht aus Makromolekülen. Vereinfacht gesehen sind es Ketten aus Gliedern, die sich *frei gegeneinander drehen* können! Solche Ketten zeigen keine Tendenz zur Verkürzung, haben also je für sich noch keine elastische Eigenschaft. Sie nehmen keine Spannenergie auf. Im Gegensatz zu Stahlfedern steigt ihre innere Energie U beim Verlängern nicht. Warum ist dann Gummi – also eine Vielzahl solcher Ketten – elastisch; warum braucht man zum Spannen Energie und Kraft?

Betrachten wir die Entropie: Nach *Bild 37* gibt es für den gestreckten Zustand eines Moleküls nur *eine* Möglichkeit, für komplizierte Verknäuelungen jedoch sehr viele; Ω ist bei kurzen Knäueln viel größer (Lit. 10, Seite 769; Lit. 11, Seite 338). Verlängert man ein Gummiband um Δx, streckt also diese Kettenmoleküle, so sinkt Ω und der zugehörige Entropieanteil $S(\Omega)$ (aus dem Molekülbau berechenbar). Er bildet mit $S(T)$ von der Teilchenbewegung (Seite 69) die

Gesamt-Entropie $S_{ges} = S(\Omega) + S(T)$. Die Entropie kann aber nach dem 2. Hauptsatz insgesamt nicht abnehmen; also steigt der Anteil $S(T)$ um ΔS und damit auch T so, als ob die Wärme $Q = T \cdot \Delta S$ zugeführt würde. Die dazu nötige Energie wird aber von der Spannarbeit $W = F \cdot \Delta x = Q = T \cdot \Delta S$ mit Hilfe der

Gummi-Kraft $F = T \cdot \Delta S / \Delta x$ (51)

geliefert. Die Energie kommt also erst im Gefolge der Entropie ins Spiel. Die Temperatur nimmt beim Spannen von Gummi zu (bei Stahlfedern bliebe sie gleich). Nach *Gl. 51* sollte die Kraft F mit der Temperatur T zunehmen. Beim osmotischen Druck und beim Komprimieren von Preßluft haben wir ähnliches kennengelernt *(Gl. 44)*.

Das gespannte Gummiband zieht sich wieder zusammen; es „strebt" ja den Zustand größter Entropie an.

Beim Entspannen des Gummibands sinkt die Temperatur wieder, da die Gummiketten vom geordneten geraden Zustand in den ungeordneten übergehen. Die dazu nötige Entropie entnehmen sie der thermischen Bewegung.

Versuch: Man prüfe die Temperatur eines breiten Gummibands vor und nach dem Spannen jeweils kurz an der Oberlippe. – Eine Last, die an einem Gummiband hängt, wird im Heißluftstrom eines Föns deutlich gehoben!

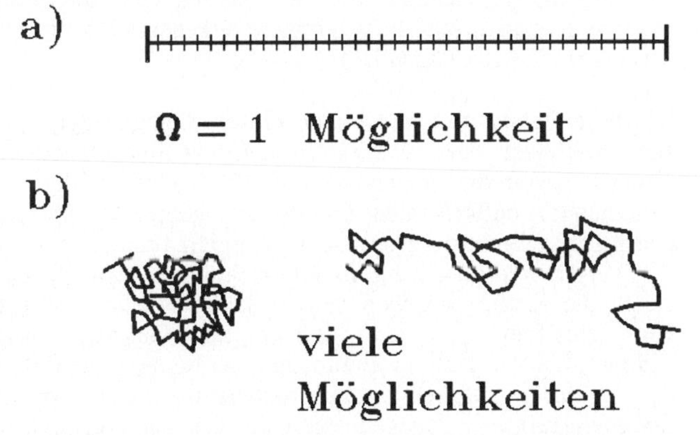

Bild 37 Kettenmolekül a) gestreckt mit kleiner, b) geknäuelt mit großer Entropie. Die Energie ist gleich

Die Kraft von Gummi rührt also nicht wie die elastische Kraft von Federn von Molekularkräften her, etwa von Coulomb-Kräften zwischen Atomen. Letztere braucht man auch bei Gummi zum Zusammenhalt der Atome. Doch sind die zugehörigen Verlängerungen und Energien vernachlässigbar; der Einfluß der *Entropie-Kraft* überwiegt weit!

Gravitations- und Coulomb-Kräfte versteht man energetisch durch Abnahme einer potentiellen Energie nach $F = -\Delta W_{pot}/dr$ in einem Potentialtrichter. Dazu gehören auch die Kräfte, die beim Verformen von Stahlfedern usw. auftreten, da es sich letztlich um Coulombkräfte zwischen entgegengesetzten Ladungen im Festkörper handelt. Warum Ladungen oder Massen sich anziehen, kann man nicht so einfach erklären. Die Gummikraft dagegen entstammt dem 2. Hauptsatz (unter Benutzung des 1.). Da man die Entropiezunahme ΔS als „Zunahme von Möglichkeiten Ω" anschaulich versteht, handelt es sich hier wohl um die einzige „verständliche" Kraft – wenn man die Entropie verstanden hat.

(2) In paramagnetischen Salzen (z. B. Eisen-Ammonium-Alaun) richtet ein starkes äußeres Magnetfeld die Elektronenspins aus, ordnet sie also gegen die Wärmebewegung. Dies erniedrigt die Entropie und auch die Energie (im Feld ausgerichtete Magnetnadeln haben eine kleinere Energie; man müßte sie ja unter Energiezufuhr umdrehen). Wärme fließt an die Gitterschwingungen oder in die Umgebung ab zusammen mit Entropie.

Anschließend isoliert man das vorgekühlte Salz thermisch (man sagt „adiabatisch") von der Umgebung, so daß Entropie und Wärme nicht mehr zufließen können. Schaltet man nun das Magnetfeld ab, so braucht die oberhalb von 10^{-3} K eintretende Unordnung der Spins einen gewissen Entropiebetrag. Dieser wird den Gitterschwingungen entnommen; Abkühlung bis auf 10^{-3} K ist die Folge {Kernspins haben eine noch kleinere Wechselwirkung; man kommt bis $T \approx 10^{-6}$ K! (Lit. 16).}

(3) Beim Entspannen von realen Gasen dagegen nutzt man zum Abkühlen den *Joule-Thomson-Effekt* aus. Dabei wird *Energie* gegen die anziehenden Kräfte zwischen den sich voneinander entfernenden Gasatomen gebraucht und der thermischen Bewegung entzogen. Ähnlich braucht man bei der *Verdampfungskühlung* in Kühlschränken usw. Energie gegen die Kräfte zwischen den Molekülen beim Übergang vom flüssigen in den gasförmigen Zustand. Beim Verdampfen von Helium kommt man so bis zu etwa 0,01 K. Bei der soeben besprochenen *adiabatischen Entmagnetisierung* dagegen spielt die Entropiezunahme der Spins die auslösende Rolle.

4.10 Gibbs-Helmholtz-Differential-Gleichung; Dritter Hauptsatz der Thermodynamik

(1) W. NERNST ersetzte in $G = H - T \cdot S$ die Entropie S gemäß $dG/dT = -S$ durch $-dG/dT$, also die an galvanischen Elementen meßbare Temperaturabhängigkeit $-d(\Delta G)/dT$ von ΔG. Betrachtet man bei Reaktionen die Differenzen ΔG, ΔH, ΔS, so folgt bei p = konstant:

$$\Delta G = \Delta H + T \cdot d(\Delta G)/dT. \quad (52)$$

Diese *Gibbs-Helmholtz-Differentialgleichung* ist in der physikalischen Chemie wichtig. Betrachten wir damit die Spannung U in einem galvanischen Element bei einer molaren Reaktion z-wertiger Ionen. Es kann maximal die Arbeit $W_{max} = \Delta G = -z \cdot U \cdot Q = -z \cdot U \cdot 96500$ C und damit die Spannung $U = -\Delta G/(z \cdot Q)$ abgeben (Seite 78; $Q = 96500$ C). Mit *Gl. 52* folgt

$$W_{max} = -z \cdot U \cdot Q = \Delta G = \Delta H - z \cdot Q \cdot T \cdot dU/dT, \text{ also} \quad (53)$$

$$U = -\Delta G/(z \cdot Q) = -\Delta H/(z \cdot Q) + T \cdot dU/dT. \quad (54)$$

Vergleicht man den letzten Term $T \cdot dU/dT$ mit dem letzten Term $T \cdot \Delta S$ in $-\Delta G = -\Delta H + T \cdot \Delta S$, so erkennt man: Die Entropieänderung ΔS einer Reaktion in galvanischen Elementen hat das gleiche Vorzeichen wie der Temperaturkoeffizient dU/dT der Spannung U. Zudem kann man dU/dT und U leicht messen, also aus *Gl. 54* die Größe ΔH berechnen. Prüfen wir *Gl. 54* nach:

1. Beispiel: Bei $T = 273$ K mißt man am Daniell-Element (Kupfer-Zink; $z = 2$):

$dU/dT = -4{,}3 \cdot 10^{-4}$ V/K; $-\Delta H = 231$ kJ.

Gl. 54 liefert $U = +1{,}2$ V $- 0{,}12$ V $= 1{,}08$ V in guter Übereinstimmung mit dem gemessenen Wert $U = 1{,}1$ V.

Im Kalorimeter (also ohne elektrische Energieabgabe) würde in exothermer Reaktion die Wärme $-\Delta H = 231$ kJ frei. Deshalb erwartet man oft gemäß dem 1. Hauptsatz die Spannung $-\Delta H/(z \cdot 96500\text{ C}) = 1{,}2$ V. Der negative Temperaturkoeffizient $dU/dT < 0$ korrigiert in *Gl. 54* nicht nur diesen Wert. Er zeigt auch, daß $\Delta S < 0$ ist (Text nach *Gl. 54)*. Diese Entropieabnahme erzwingt also eine Wärmeabgabe im Element (Seite 82). Wegen dieser Energieabgabe vermindert sich die Spannung von 1,2 V um den oft vernachlässigten Betrag 0,12 V auf 1,08 V.

Auch eine Spannungserhöhung ist möglich:

2. Beispiel: Bei $T = 273$ K mißt man bei der Reaktion $Hg/HgCl_2 + KCl/KOH + Hg_2/Hg$ ($z = 2$):

$U = 0{,}15$ V; $dU/dT = +8{,}37 \cdot 10^{-4}$ V/K; $\Delta H = +13\,730$ J (endotherm, Energieaufnahme im Kalorimeter, Lit. 1, Seite 103). *Gl. 54* liefert $U = -0{,}071$ V $+ 0{,}228$ V $= 0{,}16$ V.

Würde man das 2., also das Entropieglied weglassen, also nur den 1. Hauptsatz bedenken, so dürfte bei dieser endothermen Reaktion keine Spannung auftreten. Der positive Spannungskoeffizient $dU/dT > 0$ zeigt aber, daß auch $\Delta S > 0$ ist, also Entropie S – zusammen mit Wärme – von außen angefordert wird. Diese zusätzliche Energie rettet das galvanische Element mit dem Spannungsanteil + 0,228 V. Um Wärme aufzunehmen, kühlt es sich vorübergehend ab. Solche galvanische Elemente sind besonders ergiebig. Das Element in Beispiel 1 wird dagegen im Betrieb wärmer!

(2) W. NERNST stellte um 1905 fest, daß bei galvanischen Elementen schon lange vor $T = 0$ die Temperaturabhängigkeit $\mathrm{d}U/\mathrm{d}T$ und damit ΔS gegen Null streben (Text nach *Gl. 54*). $\Delta G = \Delta H - T \cdot \Delta S$ wird mit $\Delta S \cdot T \rightarrow 0$ zu $\Delta G \approx \Delta H$. Deshalb wird bei niedrigen Temperaturen das Berthelotsche Prinzip anwendbar (Seite 90). Nernst folgerte, daß *für jede Reaktion* mit $T \rightarrow 0$ auch $\Delta S \rightarrow 0$ geht und später PLANCK, daß für ideal kristallisierte, chemisch reine Körper (nicht etwa für Gläser) bei $T \rightarrow 0$ auch $S = 0$ gesetzt werden kann. Nach diesem **3. Hauptsatz der Thermodynamik** kann man Entropien $S(T)$ als Funktion der Temperatur – von $S = 0$ bei $T = 0$ ausgehend – absolut angeben. Dies ist bei Energien bekanntlich nicht der Fall; man kennt nur Energieänderungen; z. B. ist wegen Vakuumfluktuationen der Feldgrößen nicht einmal die Energie des Vakuums bekannt!

5 Synergetik – Die Lehre vom Zusammenwirken (H. HAKEN 1969)

5.1 Einführung

Das Paradebeispiel der Synergetik ist der Laser. Hierzu gibt es ausgezeichnete Einführungen (Lit. 18 bis 21), auch zu weiteren Anwendungen wie den Bénard-Zellen bei Wärmeleitung in dünnen Flüssigkeitsschichten. Zum Verständnis beider braucht man schwierigere Gesetze aus der Quantenphysik bzw. der Flüssigkeitsdynamik. Über beide verfügt man in der Schule nicht. Deshalb soll hier das Vorgehen der Synergetik am selbsterregten Dynamo, also an einem Beispiel der Mittelstufenphysik, mit Gesetzen aus Physik und Mathematik der Oberstufe behandelt werden. Die Synergetik erklärt, wie durch Selbst-Organisation Ordnung entstehen kann, allerdings abseits vom thermischen Gleichgewicht:

5.2 „Ordnung" entsteht nach zwei Prinzipien:

- beim Abkühlen von Gasen im Übergang
  Gas → Flüssigkeit → Kristall.
  Diese Strukturänderung wird vom 2. Hauptsatz erklärt: *Abgeschlossene Systeme* nahe dem thermischen Gleichgewicht streben dem *Maximum der Entropie* zu.

- Laser, biologische Prozesse, Wolkenwalzen u. ä. sind dagegen *offene Systeme* mit Durchfluß von Energie und/oder Materie und zwar *fernab vom thermischen Gleichgewicht.* Der 2. Hauptsatz ist hier nicht anwendbar, wohl aber die *Entropie* im stochastischen Sinne. Beim Laser ist die Pumpleistung P der Kontrollparameter *(Bild 38).* Oberhalb von einem bestimmten Wert, der sogenannten Laserschwelle P_S, versklavt eine stehende Lichtwelle („Mode") die 10^{20} Atome und zwingt sie zum Aussenden von kohärentem Licht (Seite 109). Hier tritt **Selbst-Organisation** ein. **Chaos** entsteht, wenn die Versklavung versagt (etwa bei zu großer Pumpleistung, Seite 109).

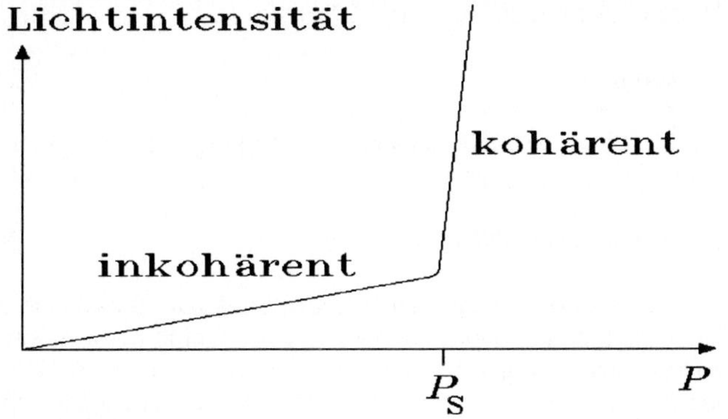

Bild 38 Oberhalb der Laserschwelle P_S zwingt eine Lichtwelle 10^{20} Atome zum Aussenden von kohärentem Licht: Licht versklavt Atome

Das Anliegen der Synergetik ist eine einheitliche Theorie für Selbstorganisation bei Strukturbildungen in offenen, auch biologischen, wirtschaftlichen und soziologischen Systemen.

5.3 Der selbsterregte Dynamo als Beispiel

(1) Kupferdrähte enthalten regellos schwirrende Elektronen. Eine *von außen* angelegte Spannung **organisiert** nach dem Ohmschen Gesetz einen geregelten Fluß, so wie ein Chef aus der Chef-Etage seinen Betrieb. – Könnte man nun nicht die Elektronen dazu bringen, *sich selbst zu organisieren?* SIEMENS zeigte dies 1866 am Dynamo. Um das Anliegen der Synergetik zu erläutern, stellen wir hier zunächst die Eisenremanenz zurück. Realexperiment wie Simulation zeigen, daß sie nur eine untergeordnete Rolle spielt und durch andere auslösende Faktoren ersetzt werden könnte (6.5)

Gedankenspiel: Ein Draht werde zu einer Anker-Spule A gewickelt, die – von der Kraft F angetrieben – in der Feld-Spule B rotiert. Der aus beiden bestehende Stromkreis sei ohne äußere Quelle geschlossen. Mit der Kraft F fließt mechanische Energie W in das System. Kleine Störungen (Erdmagnetfeld, Elektronenrauschen, Kontaktspannungen) mögen versuchen, sehr schwache Ströme anzuwerfen. „Organisieren" sich diese zu einem starken Strom, so daß die zugeführte mechanische Energie als elektrische abgeht? Wie wirkt der Strom auf die Rotation zurück?

(2) Einfache quantitative Schülerlösung: Ein Draht der Länge s bewegt sich mit der Geschwindigkeit v in einem Magnetfeld der Induktion B. Die induzierte Spannung ist $U_{ind} = B \cdot s \cdot v$. Die Stromstärke im Widerstand R ist $I = U_{ind}/R$ und erregt in der Feldspule mit Länge l und n Windungen die Flußdichte $B = \mu_0 \cdot \mu_r \cdot n \cdot I/l$. (56*)
Einsetzen ergibt:

$$I = \mu_0 \cdot \mu_r \cdot n \cdot s \cdot v \cdot I/(l \cdot R) \text{ oder}$$

$$0 = I \cdot [1 - \mu_0 \cdot \mu_r \cdot n \cdot s \cdot v/(l \cdot R)]$$

Diese Gleichung hat nun zwei Lösungen:

1. Lösung: $I = 0$; (55)

die Maschine ist nicht „erregt"; die Ankergeschwindigkeit v kann dann beliebig groß sein.

2. Lösung: $\boldsymbol{v = l \cdot R/(\mu_0 \cdot \mu_r \cdot n \cdot s) = v_{kr}}$ **(56)**

Die Stromstärke I kann hier beliebig groß sein, die Maschine ist „erregt". Doch wird nur eine bestimmte Ankergeschwindigkeit v_{kr} zugelassen. Ihr Wert nach *Gl. 56* spielt im folgenden eine wichtige Rolle, zunächst zum Zusammenfassen der zahlreichen Faktoren.

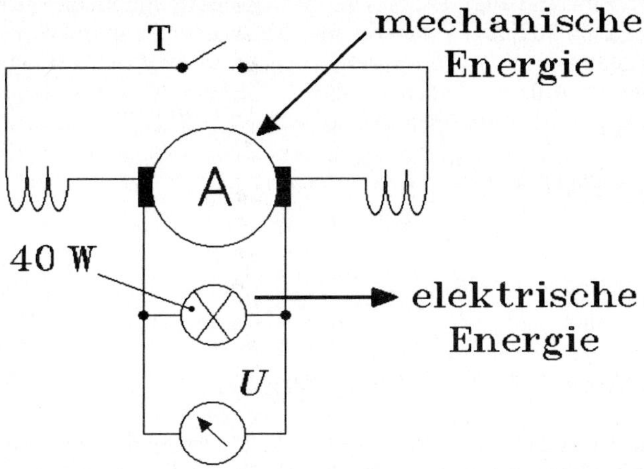

Bild 39 Schaltung des Nebenschluß-Gleichstrom-Motors beim Synergetikversuch

Versuch: Ein kleiner Nebenschluß-Gleichstrom-Motor wird nach *Bild 39* geschaltet (ohne äußere Stromquelle; Experimentiermotoren sind weniger geeignet). Mit einem gut regelbaren Motor erhöht man schrittweise die Antriebskraft F und damit die Tourenzahl des Ankers (bei der obigen linearen Rechnung die Ankergeschwindigkeit v). Durch Drücken der Taste T prüft man, ob sich die Maschine beim Zuschalten des Magnetfelds B selbst erregt:

- Unterhalb einer Kraft F_{kr} des Antriebsmotors, also unterhalb einer kritischen Geschwindigkeit v_{kr} des Ankers, erhält man nur etwa 2 V (erzeugt durch Eisenremanenz).
- Oberhalb von v_{kr} steigt die Spannung beim Einschalten von B auf über 200 V an; die 40 W-Lampe leuchtet.
- Der Stromstärkeanstieg geschieht mit einer Verzögerung, die vor allem in der Nähe des Schwellenwerts v_{kr} für Selbsterregung erheblich ist.
- Mit dieser Verzögerung wird beim Schließen des Tasters T auch der Anker fast momentan deutlich hörbar abgebremst, gemäß dem Lenzschen Gesetz.

Die Eisenremanenz wird meist als Grund für Selbsterregung angegeben. Sie liefert hier zwar die unbedingt nötige Startspannung, bringt aber unterhalb von v_{kr} nur 2 V zustande. Man könnte sie deshalb auch durch andere Effekte (Kontaktspannungen usw.) ersetzen. Dagegen fällt der Schwellenwert v_{kr} *(Gl. 56)* für Selbsterregung deutlich in Erscheinung. Ihn gilt es deshalb zu erklären.

5.4 Woher rühren die Verzögerungen beim Stromanstieg?

Die besonders in der Nähe von v_{kr} zu beobachtende starke Verzögerung der Selbsterregung kann die obige Schülerlösung nicht erklären: diese muß in zweifacher Hinsicht erweitert werden:

1. Erweiterung: Elektrische Verzögerung durch die große Eigeninduktivität L der Spulen: Man addiert zur induzierten Spannung $U_{ind} = B \cdot s \cdot v = \mu_0 \cdot \mu_r \cdot n \cdot s \cdot v \cdot I/l = I \cdot R \cdot v/v_{kr}$ im Anker noch die Selbstinduktionsspannung $U'_{ind} = -L \cdot \mathrm{d}I/\mathrm{d}t$ (nach *Gl. 56* ist $v_{kr} = l \cdot R/(\mu_0 \cdot \mu_r \cdot n \cdot s)$):

$$I = \frac{U_{ind} - L \cdot {}^{\mathrm{d}I}\!/_{\mathrm{d}t}}{R} = \frac{v \cdot I}{v_{kr}} - \frac{L}{R} \cdot \frac{\mathrm{d}I}{\mathrm{d}t} \quad \text{oder}$$

$$I = \frac{v \cdot I}{v_{kr}} - \frac{1}{D} \cdot \frac{\mathrm{d}I}{\mathrm{d}t} \quad \text{mit } D = \frac{R}{L}, \text{ also}$$

$$\mathbf{d}\boldsymbol{I}(\boldsymbol{t})/\mathbf{d}\boldsymbol{t} = -\boldsymbol{D} \cdot \boldsymbol{I}(\boldsymbol{t}) + (\boldsymbol{D}/\boldsymbol{v}_{\mathbf{kr}}) \cdot \boldsymbol{v}(\boldsymbol{t}) \cdot \boldsymbol{I}(\boldsymbol{t}). \qquad \mathbf{(57)}$$

2. Erweiterung (Mechanische Verzögerungen): Der Anker mit Masse m wird von der äußeren Kraft F angetrieben und erfahre bei der Geschwindigkeit v die mechanische Reibungskraft $F_R = -\beta \cdot v$ und nach Lenz die elektrische Bremskraft $-B \cdot s \cdot I$. Damit ist die resultierende Kraft F_{res} am Anker $F_{res} = F - \beta \cdot v - B \cdot s \cdot I$ (6.5). Nach NEWTON gilt

$m \cdot \mathrm{d}v/\mathrm{d}t = F_{res} = F - \beta \cdot v - B \cdot s \cdot I$ oder (mit *Gl. 56*):

$m \cdot \mathrm{d}v/\mathrm{d}t = F - \beta \cdot v - \mu_0\, \mu_r\, n\, s\, I^2/l = F - \beta \cdot v - (R/v_{kr}) \cdot I^2$

$$\mathbf{d}\boldsymbol{v}(\boldsymbol{t})/\mathbf{d}\boldsymbol{t} = \boldsymbol{F}/\boldsymbol{m} - (\boldsymbol{\beta}/\boldsymbol{m}) \cdot \boldsymbol{v}(\boldsymbol{t}) - \boldsymbol{R}/(\boldsymbol{m} \cdot \boldsymbol{v}_{\mathbf{kr}}) \cdot \boldsymbol{I}(\boldsymbol{t})^2 \qquad \mathbf{(58)}$$

5.5 Nichtlineare Differentialgleichungen

Die nichtlinearen Glieder $v(t) \cdot I(t)$ und $I(t)^2$ in *Gl. 57* und *58* sind für die Synergetik charakteristisch. Ohne diese gäbe es weder Chaos noch Selbstorganisation. Für diese Differentialgleichungen wurden neue Lösungsverfahren entwickelt (Seite 101 bis 107). Die Nichtlinearität stört allerdings den Computer nicht; man gibt *Gl. 57* und *58* folgendermaßen ein:

$I = I +$ (rechte Seite von *Gl. 57*) $\cdot\, \mathrm{d}t$
$v = v +$ (rechte Seite von *Gl. 58*) $\cdot\, \mathrm{d}t$

mit folgenden Werten für die Konstanten: $m = 1$; $R = 4$; $L = 1$; $\beta = 10$; $D = R/L = 4$; $v_{kr} = l \cdot R/(\mu_0 \cdot \mu_r \cdot n \cdot s) = 0{,}4$.

Damit Erregung möglich ist, liefert der Zufallsgenerator bei jedem Start ($t = 0$) eine *zufällige kleine Startstörung* $I_0 <> 0$. Jeder Start wird mit erhöhter Antriebskraft F wiederholt. F ist der **Kontrollparameter.** Bei F = konst. zeigt der Bildschirm *(Bild 40)* den Verlauf der verzögert einsetzenden Erregung, also die Ankerstromstärke $I(t)$ und die Ankergeschwindigkeit $v(t)$. Es sind die „Einschwingvorgänge" bei zwei verschiedenen Kräften, bei $F < F_{kr}$ und bei $F > F_{kr}$. Nach *Bild 40* nehmen $I(t)$ und $v(t)$ asymptotisch Endzustände I_∞ bzw. v_∞ an (für $t \to \infty$ bei F = konstant). In *Bild 44*, Seite 106, sind nur diese Endzustände über der Antriebskraft F aufgetragen.

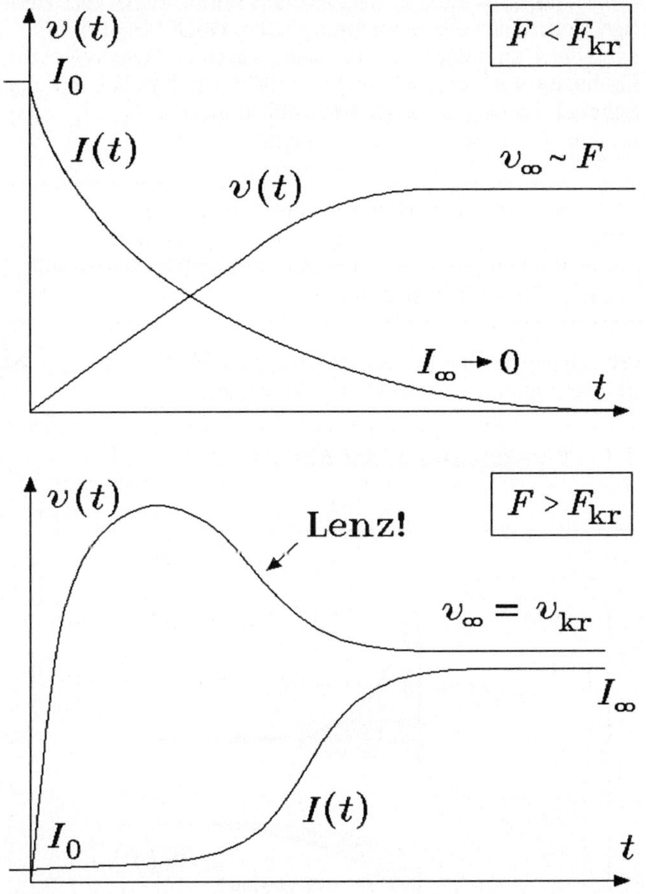

Bild 40 Die asymptotischen Endwerte I_∞ und v_∞ als Funktion der Zeit (siehe auch *Bild 44*)

5.6 Ergebnis der Simulation

(1) Für Antriebskräfte F, die *unter* einem kritischen Wert F_{kr} liegen ($F < F_{kr}$), gibt es keine Selbsterregung. Vielmehr fällt nach einer beliebig großen Startstörung I_0 die Stromstärke $I(t)$ asymptotisch auf $I_\infty = 0$ ab. Die Geschwindigkeit $v(t)$ erreicht wegen $I_\infty = 0$ und $dv/dt \to 0$ den nach *Gl. 58* leicht zu berechnenden Wert

$$\boldsymbol{v_\infty = F/\beta \sim F.} \qquad \textbf{(59)}$$

Ist nämlich Gleichgewicht zwischen der Reibungskraft $-\beta \cdot v_\infty$ und der Antriebskraft F eingetreten, gilt mit $I = 0$ auch $dv/dt = F/m - (\beta/m) \cdot v_\infty = 0$. Die Schülerlösung 1 *(Gl. 56)* (v beliebig) ist nun durch Einbeziehen der mechanischen Reibung mit Koeffizient β erweitert worden.

(2) Bei Antriebskräften F, die *oberhalb* F_{kr} liegen ($F > F_{kr}$), tritt **Selbsterregung** ein: I steigt auch bei der kleinsten Störung I_0 asymptotisch auf $I_\infty \neq 0$ und nimmt dabei das zufällige Vorzeichen der Startstörung I_0 an. Doch bringt bei $I_0 = 0$ auch der Computer keine Erregung zustande! Die Werte von I_∞ liegen auf der nach rechts geöffneten Parabel mit dem Scheitel im sogenannten **Instabilitätspunkt** F_{kr}. I_∞ steigt nun mit F sehr stark an. Man erkennt:

> Die im Draht zunächst ungeordnet schwirrenden Elektronen organisieren sich bei $F > F_{kr}$ zu einem einheitlichen Strom bestimmter Größe selbst; Startzufälle bestimmen dessen Richtung.

(3) Dagegen bleibt die Ankergeschwindigkeit v_∞ bei Selbsterregung, also bei $F > F_{kr}$, konstant.

5.7 Versklavung in der Simulation

Bild 41 Versklavungsprinzip am Bildschirm
a) $I(t)$ wird um 100 % erhöht; v folgt nach;
b) $v(t)$ wird um 100 % erhöht, aber sofort von $I(t)$ abgebremst

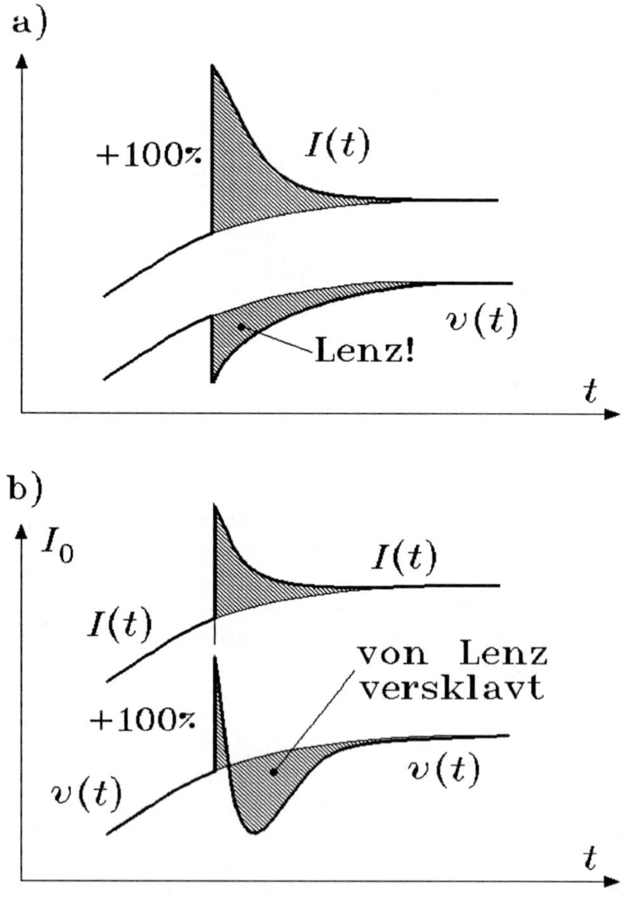

In der Synergetik spielt das Versklavungsprinzip eine wesentliche Rolle (Seite 103). Beim erregten Dynamo ($F > F_{kr}$) bremst die Stromstärke nach Lenz die Ankergeschwindigkeit v. Im Experiment hört man ein deutliches Absinken der Tourenzahl, sobald die Erregung einsetzt. Am Bildschirm sieht man den Vorgang sehr viel genauer. Hierzu werden in einem *Simulationstest* I oder v in einem vorgewählten Zeitpunkt gestört, z. B. verdoppelt. Dabei verhalten sich I und v völlig verschieden:

- Eine Verdopplung von I erniedrigt v nach Lenz sofort. Die beobachteten Störungen von I und v klingen *hier gleichartig* ab *(Bild 41a,* schraffiert): In dem Maße, in dem die bremsende Stromstärke sinkt, steigt nämlich v wieder an.
- Eine Verdopplung von v dagegen erhöht im ersten Augenblick zwangsläufig auch I. Doch bremst nach *Bild 41b* der vergrößerte Strom *I unverzüglich* v so schnell ab, daß die v-Erhöhung nur **kurzlebig** ist. In einem scharfen Zakken schlägt sie in ihr Gegenteil um! Danach folgt v(t) folgsam im Schlepptau der Stromstärke $I(t)$, genau wie in *Bild 41a.* $I(t)$ erweist sich als **langlebig.** Man sagt:

> Die kurzlebige Größe v wird von der langlebigen Größe I versklavt (Seite 103).

5.8 Das mathematische Vorgehen der Synergetik

Nun soll – von der Simulation geleitet – die von der Synergetik entwickelte mathematische Analyse solcher Selbstorganisationsvorgänge dargestellt werden (Lit. 21). Die „Lebensdauer" eines Vorgangs kann in $y = e^{\lambda \cdot t}$ durch den Wachstumskoeffizienten λ beschrieben werden. Dabei gilt:

$\lambda < 0$: Vorgang klingt schnell ab, ist kurzlebig.
$\lambda > 0$: Vorgang wächst an, ist langlebig.

Die Exponentialfunktion $y = e^{\lambda \cdot t}$ stammt aus der Differentialgleichung $dy/dt = \lambda \cdot y$. Sie hat kein Absolutglied und ist linear. Damit ist unser Weg vorgezeichnet: Wir werden in den *Gl. 57* und *58* zunächst das Absolutglied beseitigen müssen. Dann wird man – in einem kleinen Bereich um den Stabilitätspunkt – näherungsweise eine Linearisierung vornehmen, um einen Wachstumsfaktor λ für die jeweilige Größe I bzw. v zu ermitteln.

5.9 Suche nach dem Instabilitätspunkt F_{kr}

(1) Die *Gl. 57* für die Stromstärke hat kein Absolutglied. Am kritischen Instabilitätspunkt F_{kr} steigt I_∞ von Null aus an (hier ist I_∞, also der eingeschwungene Zustand gefragt). Dagegen hat die Geschwindigkeit v_∞ bei F_{kr} schon den Wert F_{kr}/β *(Gl. 59).* Erst danach erzwingt der Strom nach Lenz eine Korrektur an $v(t)$, die wir mit $v_{el}(t)$ bezeichnen. Um das in *Gl. 58* störende Absolutglied F/m zu beseitigen, ersetzen wir die Variable $\upsilon(t)$ durch die neue Variable $\upsilon_{el}(t)$. Hierzu bestimmt man α mit dem Ansatz $\upsilon(t) = \alpha + \upsilon_{el}(t)$ so, daß das Absolutglied F/m verschwindet. Einsetzen führt zu $\alpha = F/\beta$.

$$\boldsymbol{\upsilon(t) = F/\beta + \upsilon_{el}(t)} \qquad \textbf{(60)}$$

führt die *Gl. 57* und *58* in „leichter Rechnung" über in

$$d\upsilon_{el}/dt = -(\beta/m) \cdot \upsilon_{el}(t) - R/(m \cdot \upsilon_{kr}) \cdot I(t)^2 \text{ und} \qquad (61)$$

$$dI/dt = \lambda \cdot I(t) + (D/\upsilon_{kr}) \cdot \upsilon_{el}(t) \cdot I(t) \text{ mit} \qquad (62)$$

$$\lambda = D \cdot [F/(\beta \cdot \upsilon_{kr}) - 1] \qquad (62a)$$

Mit dem Beseitigen des Absolutglieds wurde zudem der Ursprung in den Instabilitätspunkt $F = F_{kr}$ verschoben. Die Variablen $I(t)$ und $\upsilon_{el}(t)$ setzen ja erst dort bei elektrischer Erregung ein *(Bild 42)*. In der Synergetik findet man den wichtigen **Instabilitätspunkt F_{kr}** durch (oft mühsames) Beseitigen des Absolutglieds (Siehe die Zusammenfassung Seite 110). Die Gleichungen sind aber immer noch nichtlinear.

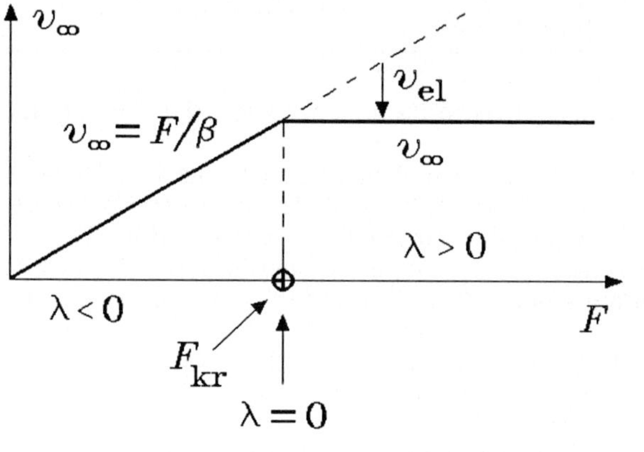

Bild 42 Erst beim kritischen Punkt F_{kr} setzt elektrische Erregung ein

5.10 Lineare Stabilitätsanalyse

(1) In der Nähe des neuen Ursprungs F_{kr} *(Bild 44)* sind die Variablen I und υ_{el} klein. Man kann also dort die quadratischen Glieder I^2 und $\upsilon_{el} \cdot I$ in *Gl. 61* und *62* vernachlässigen. So erhält man für die Umgebung des wichtigen kritischen Punkts F_{kr}, bei dem Selbsterregung einsetzt, als bequeme Näherung zwei linearisierte Gleichungen:

a) *Gl. 62* liefert näherungsweise $dI/dt \approx \lambda \cdot I$ mit der Lösung

$$I \sim \exp(\lambda \cdot t) \qquad (63)$$

und damit den Seite 101 gesuchten **Wachstumsfaktor** für *I:*

$$\lambda = D \cdot [F/(\beta \cdot \upsilon_{kr}) - 1]. \qquad (64)$$

Das asymptotische Verhalten von I hängt vom Vorzeichen dieses Wachstumsfaktors $\lambda = D \cdot [F/(\beta \cdot v_{kr}) - 1]$ ab:

- Bei $F < \beta \cdot v_{kr}$ ist $\lambda < 0$; $I(t)$ sinkt asymptotisch auf Null; Störungen verschwinden schnell, so wie wir es links von F_{kr} beobachten.
- Bei $F > \beta \cdot v_{kr}$ ist $\lambda > 0$; $I(t)$ steigt exponentiell an, so wie rechts von F_{kr} in *Bild 44.* Die Stromstärke I wird dort und nur dort langlebig.

Für den kritischen Punkt F_{kr}, bei dem Selbsterregung einsetzt, gilt also ($\lambda = 0$) $F_{kr} = \beta \cdot v_{kr}$ mit

$$\boldsymbol{v = v_{kr} = R \cdot l/(\mu_0 \cdot \mu_r \cdot n \cdot s) \sim R.} \qquad \textbf{(65)}$$

b) Aus *Gl. 61* folgt in dieser Näherung entsprechend $\mathrm{d}v_{el}/\mathrm{d}t \approx -(\beta/m) \cdot v_{el}$, mit der Lösung

$$v_{el} \sim \exp(-\beta \cdot t/m) \qquad (66)$$

und dem Wachstumsfaktor $-(\beta/m) < 0$ für v_{el}. Der Wachstumsfaktor $-\beta/m$ von v_{el} ist also *stets stark negativ,* in der Simulation -10. Deshalb fällt v_{el} nach der 100 %-Störung, also dem Zacken in *Bild 41b,* schnell zurück und ändert sich danach nur noch im Schlepptau von $I(t)$; v_{el} und v sind deshalb stets kurzlebig!

Da nun I bei $F > F_{kr}$ wegen $\lambda > 0$ langlebig ist, kann es hier die kurzlebigen Größen v_{el} und v versklaven. $|I|$ steigt zu einem bestimmten Wert I_∞ an. Wir erinnern an die Simulation Seite 99.

(2) Bei $F \approx F_{kr} = \beta \cdot v_{kr}$ ist $\lambda = D \cdot [F/(\beta \cdot v_{kr})-1] \approx 0$, $I(t)$ ändert sich also beim kritischen Punkt F_{kr} noch sehr langsam. Dieses **kritische Langsamerwerden** zeigt sowohl der Realversuch wie auch die Simulation (Lit. 18, Seite 192). Dabei können sich weitere zufällige Fluktuationen noch stark auswirken. Dies wird bei automatischer Stauerkennung im Straßenverkehr nach synergetischen Prinzipien benutzt. Stauwarnung wird ausgegeben, wenn die Meßdaten aus dem Verkehrsfluß bestimmte Fluktuationen, also die Nähe kritischer Punkte, melden.

5.11 Das Versklavungsprinzip schafft Ordnung

(1) Das **Versklavungsprinzip** (HAKEN 1975) sagt aus: Langlebige Größen versklaven kurzlebige und werden so zu *Ordnungsparametern.* Im Laser sind die zwischen Spiegeln hin und her reflektierten stehenden kohärenten Wellen (Moden) langlebig. Sie versklaven die zunächst stochastischen Atomvorgänge und erzwingen damit kohärente Lichtemission. So wird das *Ei-Henne-Problem* in der Synergetik gelöst (Lit. 19, Seite 37). Man fragt nicht mehr erfolglos, wer zuerst da war, sondern wer langlebig und wer kurzlebig ist. Dies bestimmt auch das weitere mathematische Vorgehen:

(2) Da v_{el} wegen $-\beta/m < 0$ kurzlebig ist *(Gl. 66)*, paßt es sich für $t \to \infty$ dem langlebigen **Ordnungsparameter *I*** an. Wir sahen in der Simulation *(Bild 41):* Der asymptotische Endwert $v_{el,\infty}$ ändert sich nach Absolvieren des kurzen Zackens nicht mehr von selbst, sondern nur noch im Gefolge der langsam veränderlichen Stromstärke I. Dies findet seinen Niederschlag in der bequemen „Rechentechnik" adiabatische Näherung. Man setzt in *Gl. 61* einfach $\mathrm{d}v_{el}/\mathrm{d}t = 0$ und erhält für den schnell eingestellten Wert $v_{el,\infty}$

$$v_{el,\infty} = -R/(\beta \cdot v_{kr}) \cdot I(t)^2 < 0. \qquad (67)$$

Die adiabatische Näherung wird an einem Schulbeispiel klar: Die konstante, also „langlebige" Spannung U_1 liegt an einem Draht mit der Eigeninduktivität L; dann gilt

$$I(t) = (U_1 - L \cdot \mathrm{d}I/\mathrm{d}t)/R, \qquad (a)$$
$$I(t) = U_1/R \cdot [1 - \exp(-t \cdot R/L)]. \qquad (b)$$

Auf der Mittelstufe setzt man bekanntlich in (a) $\mathrm{d}I/\mathrm{d}t = 0$, betrachtet also die Selbstinduktionsspannung gegenüber U_1 als „kurzlebig". Man erhält in „adiabatischer Näherung" $I(t) = U_1/R$, das Ohmsche Gesetz! Dies folgt auch aus (b), wenn $\exp(-t \cdot R/L) \to 0$ geht. So werden Größen, die sich schnell anpassen, also „kurzlebig" sind, wie v oder Atomschwingungen im Laser, *„adiabatisch eliminiert"*, um die Zahl der Freiheitsgrade ganz erheblich zu reduzieren.

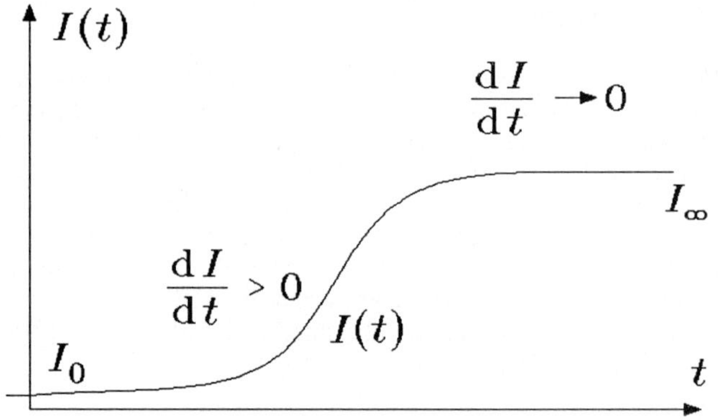

Bild 43 Durch Rückwirkung von v auf I bremst der Strom sich selbst

(3) *Gl. 67* zeigt, wie das versklavte $v_{el,\infty}$ dem versklavenden sich langsam ändernden Ordnungsparameter $I(t)$ gehorsam folgt. Wir beachten aber auch die *Rückwirkung* von v auf I: Nach *Gl. 67* ist $v_{el,\infty} < 0$; $I^2 > 0$ bremst ja das Ansteigen von $v = F/\beta + v_{el,\infty}$ über F/β hinaus ab. Damit bremst aber auch der Strom I sich selbst; die Bäume wachsen nicht in den Himmel. Setzt man also *Gl. 67* in *Gl. 62* ein, so folgt für den sich langsam ändernden **Ordner *I*** die überaus wichtige **Ordnungsparameter-Gleichung**

d*I*/d*t*	$= \lambda \cdot I$	$-\; D \cdot R/(\beta \cdot v^2_{kr}) \cdot I^3$	
***I*-Änderung** =	***I*-Zuwachs** –	***I*-Verlust**	**(68)**

- Ist I klein, so I^3 (Verlust) noch kleiner. Es folgt $dI/dt > 0$, also ein Anstieg von $I(t)$.
- Ist I groß, so ist I^3 noch größer: dI/dt sinkt auf Null. Es stellt sich der asymptotische Endwert I_∞ der Ankerstromstärke in *Bild 43* ein.

(4) Hat sich dann auch I_∞ eingestellt, so ist $dI/dt = 0$. Aus *Gl. 68* folgen daraus und mit *Gl. 64* und *65* für I_∞ drei Werte:

$$I_{1,\infty} = 0$$

$$I_{2,3,\infty} = \pm \frac{\sqrt{\lambda \cdot \beta \cdot v^2_{kr}}}{D \cdot R} = \pm \sqrt{\frac{v_{kr}}{R}} \cdot \sqrt{(F - F_{kr})} \qquad (69)$$

$I_{2,3\,\infty}$ gibt die nach rechts geöffnete Parabel mit Scheitel F_{kr}. Zu ihr gehört für $F > F_{kr}$ nach *Gl. 67* die ebenfalls schon bekannte Geschwindigkeit v_{kr}. Aus *Gl. 60, 65, 67* und *69* folgt

$$v_\infty = v_{kr}. \qquad (70)$$

Für $F > F_{kr}$ stellt sich also die konstante Ankergeschwindigkeit v_{kr} ein, die bekannte Schülerlösung *(Gl. 56)*.

5.12 Potentialkurve, Symmetrie-Brechung, Bifurkation

Die Synergetik kann zeigen, welche der drei I_∞-Werte aus *Gl. 69* stabil sind, ohne die nichtlinearen Differentialgleichungen vollständig zu lösen. Sie geht davon aus, daß $dI/dt = 0$ in den stabilen wie labilen Gleichgewichtslagen von I (asymptotische Endwerte in *Bild 40*). Nun wird gemäß

$$dV/dI = -\,dI/dt \qquad (71)$$

ein von I abhängiges *Hilfs-Potential* $V(I)$ definiert:
- Es ist im stabilen wie labilen Gleichgewicht waagerecht, denn $dV/dI = -\,dI/dt = 0$.
- Im ansteigenden Teil von $V(I)$ (mit $dV/dI > 0$) nimmt $I(t)$ ab, da $dI/dt < 0$ ist.
- Im abfallenden Teil von $V(I)$ ($dV/dI < 0$) muß $I(t)$ steigen, da $dI/dt > 0$ ist.

Dies erinnert an Hangkräfte; ihretwegen rollen ausgelenkte Kugeln zum Potentialminimum. *Gl. 68* liefert mit *Gl. 71:*

$$dV/dI = -\lambda \cdot I + D \cdot R/(\beta \cdot v^2_{kr}) \cdot I^3 \text{ und} \qquad (72)$$

$$V(I) = \int dV = -(\lambda/2) \cdot I^2 + \frac{D \cdot R}{4\,\beta \cdot v^2_{kr}} \cdot I^4 \qquad (73)$$

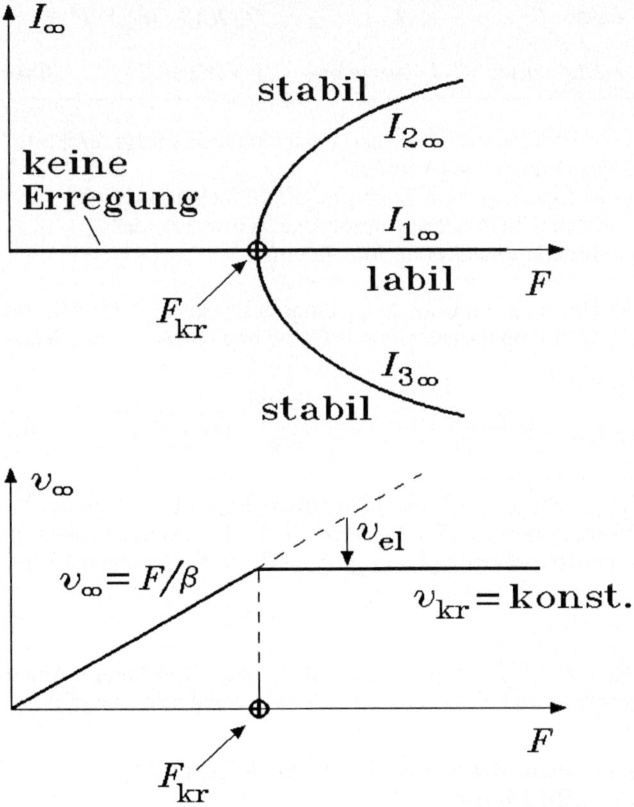

Bild 44 Symmetriebrechung und Bifurkation

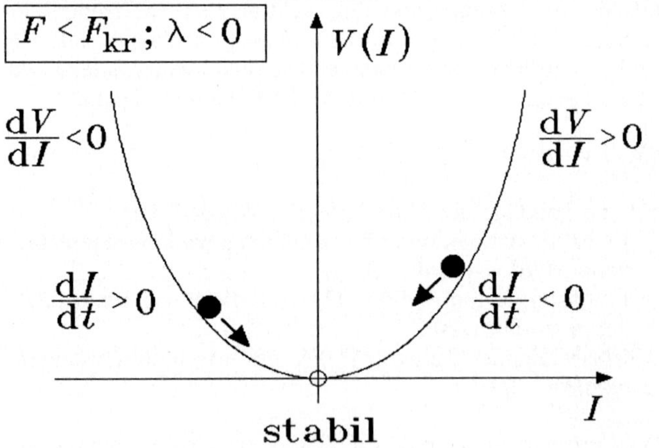

Bild 45 a) Potential unterhalb des kritischen Wertes $F < F_{kr}$

Unterhalb des Instabilitätspunkts F_{kr}, für $\lambda < 0$, hat $V(I)$ nach *Bild 45a* nur einen Tiefpunkt. Er bedeutet Stabilität für $I_\infty = 0$. Dort ist nach *Gl.* 50 und *60* $v_{el} = 0$ und $v_\infty = F/\beta$.

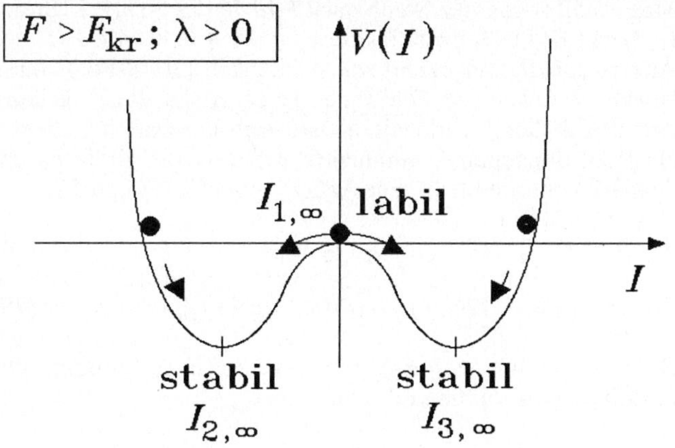

Bild 45 b) Potential oberhalb des kritischen Wertes $F > F_{kr}$

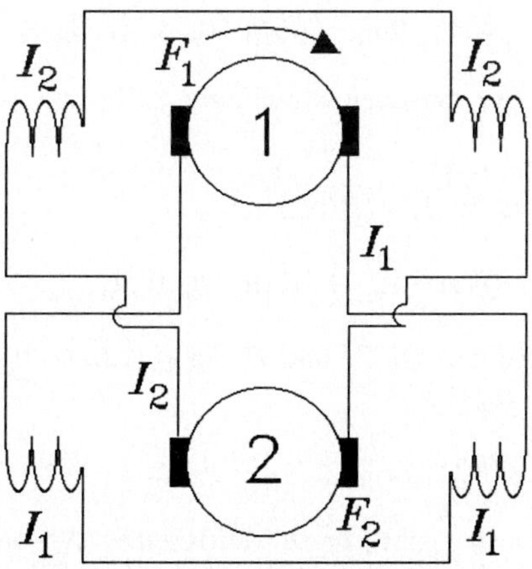

Bild 46 Der Rikitake-Dynamo

Bei $F > F_{kr}$ dagegen entsteht nach *Bild 45b* bei $I_\infty = 0$ wegen $\lambda > 0$ ein Hochpunkt. Die bisherige Lösung $I_{1,\infty} = 0$ wird labil, aber von zwei neuen stabilen Tiefpunkten flankiert, von $I_{2,3\ \infty}$ in *Gl. 69.* Bei diesem Aufspalten von einer stabilen Lage in zwei spricht man von **Bifurkation** und **Symmetriebrechung:** Eine Kugel, die im Symmetriepunkt $I = 0$ von *Bild 45b* liegt, muß sich für die linke oder rechte Mulde „entscheiden". Wie allerdings die Einschwingvorgänge dorthin verlaufen, interessiert bei der hier vorgenommenen Stabilitätsanalyse nicht.

5.13 CHAOS bei zwei gekoppelten Dynamos (Rikitake-Modell für Erdmagnetismus)

(1) Der bisherige Dynamo enthält nur zwei Freiheitsgrade $v(t)$ und $I(t)$, gibt also noch kein Chaos. Man braucht nämlich bei stetigen Funktionen davon mindestens drei (SMALE, am. Mathematiker).

Man erhält sogar vier, wenn nach *Bild 46* der Anker 1 (Strom $I_1(t)$) mit der Geschwindigkeit $v_1(t)$ im B-Feld von $I_2(t)$ des Ankers 2 läuft. Umgekehrt soll sich Anker 2 im B-Feld von I_1 bewegen. Anker und Feldspulen seien genau gleich gebaut. Auf den Anker 1 wirkt die äußere Antriebskraft F_1, die wir als Kontrollparameter verändern, während die Kraft F_2 am Anker 2 konstant bleibt. Für Anker 1 gilt *(Gl. 57* und *58):*

$$\mathrm{d}I_1/\mathrm{d}t = -D \cdot I_1 + (D/v_{kr}) \cdot v_1 \cdot I_2 \text{ und} \tag{74}$$

$$\mathrm{d}v_1/\mathrm{d}t = F_1/m - (\beta/m) \cdot v_1 - [R/(m \cdot v_{kr})] \cdot I_1 \cdot I_2. \tag{75}$$

Die Substitution $v_1 = F_1/\beta + v_{el,1}$ nach *Gl. 60* entfernt das Absolutglied F_1/m und führt zu

$$\mathrm{d}I_1/\mathrm{d}t = -D \cdot I_1 + [D \cdot F_1/(\beta \cdot v_{kr})] \cdot I_2 + (D/v_{kr}) \cdot v_{el,1} \cdot I_2 \tag{76}$$

$$\mathrm{d}v_{el,1}/\mathrm{d}t = -(\beta/m) \cdot v_{el,1} - [R/(m \cdot v_{kr})] \cdot I_1 \cdot I_2. \tag{77}$$

Für Anker 2 vertauschen wir „1" und „2":

$$\mathrm{d}I_2/\mathrm{d}t = -D \cdot I_2 + [D \cdot F_2/(\beta \cdot v_{kr})] \cdot I_1 + (D/v_{kr}) \cdot v_{el,2} \cdot I_1 \tag{78}$$

$$\mathrm{d}v_{eL,2}/\mathrm{d}t = -(\beta/m) \cdot v_{el,2} - [R/(m \cdot v_{kr})] \cdot I_1 \cdot I_2 \tag{79}$$

Die Differenz aus *Gl. 77* und *79* für $v_{el,1}$ bzw. $v_{el,2}$ lautet mit $v_D = v_{el,1} - v_{el,2}$

$$\mathrm{d}v_D/\mathrm{d}t = -(\beta/m) \cdot v_D.$$

Da $-\beta/m < 0$, geht diese Differenz $v_D \to 0$. Es gilt $v_{el,1} \approx v_{el,2}$, wir schreiben dafür einfach v_{el}. Weitere Vereinfachung bringen die *Substitutionen:*

$$I_1 = X_1 \cdot v_{kr} \sqrt{\frac{m}{D \cdot R}}\,;\; I_2 = X_2 \cdot v_{kr} \sqrt{\frac{m}{D \cdot R}}$$
$$v_{el} = Y \cdot \frac{v_{kr}}{D}\,;\; F_1 = a_1 \cdot \frac{v_{kr}}{D}\,;\; F_2 = a_2 \cdot \frac{v_{kr}}{D}.$$

Für $X_1(t)$, $X_2(t)$ und $Y(t)$ folgen so die nichtlinearen Differentialgleichungen:

$$\mathrm{d}X_1/\mathrm{d}t = -D \cdot X_1 + (a_1/\beta) \cdot X_2 + X_2 \cdot Y \tag{80}$$

$$\mathrm{d}X_2/\mathrm{d}t = -D \cdot X_2 + (a_2/\beta) \cdot X_1 + X_1 \cdot Y \tag{81}$$

$$\mathrm{d}Y/\mathrm{d}t = -(\beta/m) \cdot Y - X_1 \cdot X_2. \tag{82}$$

Computerlösungen im Programm „ERDFELD" erfolgen mit $D = 1$; $m = 1$; $\beta = 0{,}03$. Die Kraft F_1 an Anker 1 ist $F_1 \sim a_1$ und sei der Kontrollparameter. Die Kraft an Anker 2, nämlich $F_2 \sim a_2 = 2$ ist konstant.

(2) In gewissen Bereichen von a_1 (>0,09; um 0,01), also der Kraft F_1, erhält man **Chaos.** Nach *Gl. 80* wird nämlich X_1, also der Ankerstrom I_1, nicht nur wie bisher von der Ankergeschwindigkeit $v_{el} \sim Y$ beeinflußt. Diese ist von I_1 versklavt. Nun wirkt nach *Gl. 80* auf X_1 auch noch die nicht versklavte Ankerstromstärke $I_2 \sim X_2$. Dann versagt die adiabatische Näherung, also das Versklavungsprinzip nach Seite 103; die Lösungen zeigen deshalb eine erstaunliche Eigendynamik, die bisweilen zu Chaos führt. *(Bild 47;* Lit. 19, Seite 126; Lit. 20, Seite 217, 350)

Nach der Synergetik entsteht CHAOS beim Versagen des Versklavungsprinzips.

Die hier betrachteten Anker werden vielleicht von mehreren Scheiben rotierender Magmamassen im Erdinnern realisiert. Ihre Ströme erzeugen im leitenden Magma Magnetfelder, die in beiden „Ankern" zu Selbsterregung führen sollen. Diese Hypothese könnte das alte Problem lösen, wie Erdmagnetismus entsteht. Messungen an erstarrtem Magma auf Ozeanböden zeigen zudem, daß sich das magnetische Erdfeld im Laufe der Erdgeschichte mehrmals und unregelmäßig umgepolt hat. RIKITAKE stellte 1968 dazu das obige zweifelsohne stark vereinfachte Modell auf. Diese Annahmen können aber noch nicht als endgültig gesichert angesehen werden.

5.14 Der Laser

Eine *Gl. 68* ähnliche Beziehung gilt auch beim Laser und erklärt dessen Schwellenleistung P_s nach der stark vereinfachten Betrachtung in Lit. 20, Seite 138. Die Gleichung

$$\mathrm{d}n/\mathrm{d}t = \text{Zuwachs} - \text{Verlust} \qquad (83)$$

bestimmt die zeitliche Änderung der Photonenzahl n. Der Zuwachs kommt von der induzierten Emission. Er ist proportional

- der Zahl n der vorhandenen Photonen und
- der Zahl N der angeregten Atome, aus denen die n Photonen neue kohärente „losschütteln" und so eine kohärent schwingende stehende Welle (Mode) erzeugen:

$$\text{Zuwachs} = G \cdot N \cdot n;\ G = \text{konst.} \qquad (84)$$

Der Einfachheit halber führe die Laseremission in einen leeren Grundzustand. Die Photonenverluste durch die Austrittsfenster sind dann zur Photonenzahl n proportional:

$$\text{Verlust} = 2\,k \cdot n;\ k = \text{konst..} \qquad (85)$$

Die Pumpleistung sei so groß, daß diese Zahl N ohne Lasertätigkeit den Wert N_0 hätte. Nun sinkt wegen der Lasertätigkeit die Zahl N der angeregten Atome:

$N = N_0 - \alpha \cdot n,$ (86)

da die Zahl $\alpha \cdot n$ der induziert abgerufenen Photonen proportional der Zahl n der abrufenden Photonen ist. Durch Einsetzen folgt die nichtlineare Differentialgleichung

$$dn/dt = \text{Zuwachs} - \text{Verlust} = G \cdot (N_0 - \alpha \cdot n) \cdot n - 2\,k \cdot n$$

oder als Ordnungsparameter-Gleichung (siehe *Gl. 68)*:

$$dn/dt = (G \cdot N_0 - 2\,k) \cdot n - G \cdot \alpha \cdot n^2 = \lambda \cdot n - G \cdot \alpha \cdot n^2. \quad (87)$$

Nun ist ihr Wachstumsfaktor $\lambda = G \cdot N_0 - 2\,k$ positiv, wenn man durch starkes Pumpen $N_0 > 2k/G$ macht. Dann steigt plötzlich die Zahl der Laserphotonen n in der kohärenten Mode nach obigen Bifurkationsüberlegungen von Null aus stark an. Man vergleiche mit der Parabel zu $I(t)$ in *Bild 40.*

Stabilitätsbetrachtungen dient das nach $dV/dn = -\,dn/dt$ berechnete Potential (siehe *Gl. 73)*

$$V(n) = -\,n^2 \cdot \lambda/2 + n^3 \cdot G \cdot \alpha/3, \quad (88)$$

eine Parabel 3. Grades:

- Für $\lambda > 0$ hat sie nach *Bild 47b* beim positiven Wert n_1 eine stabile Mulde; der Laser arbeitet.
- Für $\lambda < 0$ gibt es dagegen nach *Bild 47a* keine kohärenten Photonen; Lasertätigkeit setzt nicht ein. Der Stabilitätspunkt dafür liegt nämlich bei $n = 0$; der Laser erzeugt hier nur Photonen mit stochastisch verteilten Phasen – wie es Glühlampen auch tun.

5.15 Allgemeine Synergetik – Theorie
(Überblick nach Lit. 19 bis 21)

Nach dem folgenden Verfahren lassen sich auch zahlreiche Freiheitsgrade eines Systems (beim Laser ca. 10^{20}) auf ganz wenige (etwa die der versklavenden Mode) reduzieren. Es gilt auch bei Bénard-Zellen (Wolken-Straßen) und führt dort zu den Lorenzgleichungen, an denen man das Chaos entdeckt hat. Die allgemeine Verfahrensweise der Synergetik ist:

a) Man stellt N nichtlineare Differentialgleichungen für die Variablen $u(t)$ des Problems auf (analog zu *Gl. 57* und *58).*

b) Die Substitution $u(t) = u_0 + q(t)$ *(Gl. 60)* bringt sie auf die Form mit den Variablen q_i (I bzw. υ_{El}) *ohne* Absolutglied *(Gl. 61* und *62).* Nun lassen sich nichtlineare Glieder abspalten ($dq_i/dt = \lambda_i(\varepsilon_i) \cdot q_i(t)$ + nichtlineare Glieder). ε_i sind die Kontrollparameter (in *Gl. 62a* die Kraft F beim Dynamo).

c) Man setzt nun den größten Wachstums-Koeffizienten λ_k der linearen Glieder zu Null und ermittelt so den Instabilitätspunkt (siehe Text nach *Gl. 64).*

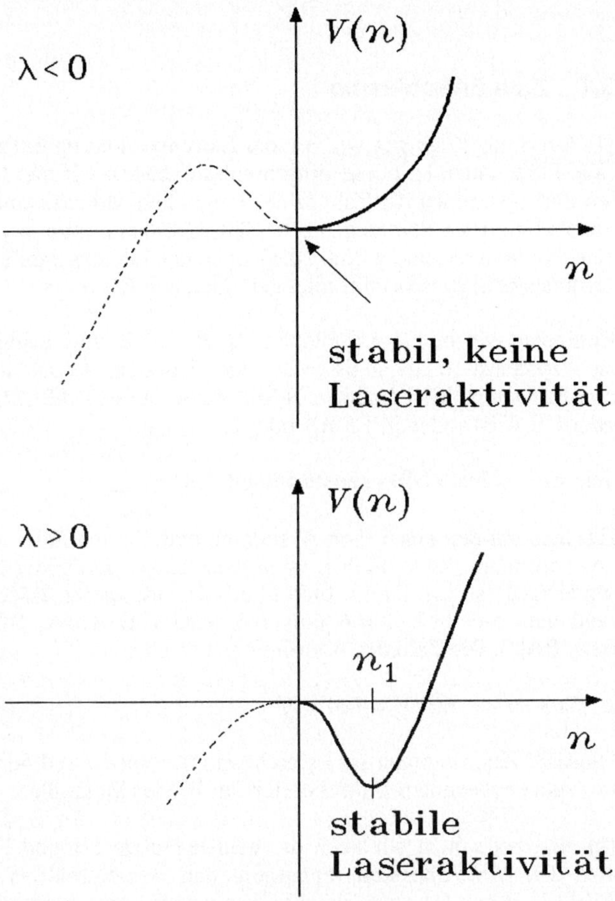

Bild 47 Stabilitätsanalyse beim Laser

d) Man wählt Kontrollparameter ε_k so, daß in der Nähe des Instabilitätspunkts $\lambda_k > \approx 0$, das System also leicht überkritisch ist (ε_k waren oben die Kräfte $F - F_{kr}$, die zu Selbsterregung geführt haben (siehe *Gl. 69*).

e) Dann werden die Wachstumskoeffizienten λ_i und die zugehörigen Variablen q_i in zwei Gruppen eingeteilt:
$\lambda_i > 0$ zeigt die versklavenden Ordner q_u mit λ_u an (beim Dynamo $I(t)$ mit λ),
$\lambda_i < 0$ zeigt die versklavten q_S mit λ_S an (beim Dynamo v_{el} mit $\lambda = -\beta/m$).

f) Man drückt die versklavten q_S durch die Ordnungsgrößen q_u aus und eliminiert so die q_S; dies gibt die Ordnungsparameter-Gleichung *(Gl. 68)*.

g) Man stellt ein Potential $V(q_u)$ für die Ordnungsgrößen auf und diskutiert daran die Stabilitätsbereiche des Systems *(Gl. 73)*.

6 Anhang

6.1 Zum Entropiespiel

(1) Auf Seite 26 gingen wir von der Extremverteilung 6:0 aus (alle Flöhe auf H1). Diese Einschränkung lassen wir nun fallen und bestimmen die Zahl Ω der möglichen Mikrozustände unabhängig vom Startzustand. In THERM5 kann man ja von einer Extremverteilung (6:0; 0:6) oder der Gleichverteilung 1:1 ausgehen; stets kommt man zum gleichen Ergebnis):

Beginnen wir mit $Z = 6$ Flöhen A, B, ..., F und bringen sie – zunächst unabhängig von den Hunden – vollständig durcheinander. Man findet z. B. die Anordnungen ABCDEF oder CEAFBD oder FCEDBA oder ...

Wie viele solcher **Mikrozustände** gibt es?

Hat man nur den einen Floh A, so kann man ihn nur auf 1 Art (A) anordnen. Der 2. Floh B kann dann davor (BA) oder dahinter (AB) sitzen. Der 3. Floh C erhöht jede dieser 2 Möglichkeiten auf $1 \cdot 2 \cdot 3 = 6$ (aus BA wird z. B. CBA, BCA bzw. BAC). Die Zahl der Anordnungen wächst bei $Z = 6$ auf

$$1 \cdot 2 \cdot 3 \cdot 4 \cdot 5 \cdot 6 = 6! = \mathbf{720} = Z! \qquad (89)$$

Diese Z! Anordnungen sind gleich wahrscheinlich und gehören zum sogenannten Mikrobereich der Flöhe (Moleküle).

(2) Nun betrachten wir auch die beiden Hunde H1 und H2, also den **Makrobereich** (entspricht den Behälterhälften in *Bild 17)*. Wenn H1 zwei Flöhe beißen und H2 vier, so ist dies ein bestimmter **Makrozustand**. Er wird gekennzeichnet durch die Verteilung (2:4) von $Z = 6$ Flöhen. Wieviele der insgesamt $Z! = 720$ Möglichkeiten des Mikrobereichs gehören zu diesem Makrozustand? Um ihre Zahl Ω zu bestimmen, weisen wir in allen 720 Reihungen die beiden linken Flöhe dem Hund H1, die 4 rechten Flöhe H2 zu. Heißen z. B. die beiden Flöhe auf Hund H1 A und B, so betrachten wir aus den $Z! = 720$ Anordnungen zunächst nur AB/CDEF; AB/DCEF; BA/EDFC; AB/FCDE usw.

Nun sind nach *Gl. 89* für die hinteren 4 Flöhe C...F 4! verschiedene Reihungen möglich, für die 2 vorderen A,B nur $2 = 2!$. Für den **Makrozustand** der Hunde H1 und H2 sind sie gleich; sie werden eben von 2 bzw. 4 Flöhen gebissen, unabhängig von deren Reihenfolge. Also gibt es unter den 720 möglichen Anordnungen $2! \cdot 4! = 2 \cdot 24 = 48$ Möglichkeiten, die mit AB oder BA beginnen. Dies gilt auch für alle andern Anordnungen, bei denen 2 bestimmte Flöhe auf H1 und folglich 4 auf H2 sitzen. Deshalb reduziert sich beim Makrozustand (2:4) die Zahl $\Omega(2{:}4)$ der möglichen Mikrozustände auf den $(2! \cdot 4!)$ten Teil von $6! = 720$, also auf $\Omega(2{:}4) = 6!/(2! \cdot 4!) = 720/(2 \cdot 24) = 15$ *(Tabelle 4)*.

AB/CDEF	AC/BDEF	AD/BCEF	AE/BCDF	AF/BCDE
BC/ADEF	BD/ACEF	BE/ACDF	BF/ACDE	
CD/ABEF	CE/ABDF	CF/ABDE		
DE/ABCF	DF/ABCE			
EF/ABCD				

Tabelle 4 Ω = 15 Mikro-Möglichkeiten für die Makroverteilung 2:4, 15 Möglichkeiten, 2 von Z = 6 Flöhen dem Hund H1 ins Fell zu setzen

Der dazu symmetrische Makrozustand (4:2) hat gleich viele Mikrozustände: $\Omega(4{:}2) = 6!/(4! \cdot 2!) = \mathbf{15}$.

Zum Makrozustand 3:3 (Gleichverteilung) gehören dann $\Omega(3{:}3) = Z!/(3! \cdot 3!) = 720/(6 \cdot 6) = \mathbf{20}$ Mikrozustände. Dies ist das Maximum gemäß *Bild 14* bei 3:3.

Zu den Makrozuständen 5:1 wie auch 1:5 gehören jeweils $\Omega(5{:}1) = 6!/(5! \cdot 1!) = 720/(120 \cdot 1) = \mathbf{6}$ Mikrozustände.

Wenn H1 bzw. H2 gar alle 6 Flöhe ertragen muß, erzeugen alle 720 Anordnungen dasselbe Jucken; es gibt bekanntlich nur $\Omega(6{:}0) = 6!/(6! \cdot 0!) = 720/(720 \cdot 1) = \mathbf{1}$ Mikrozustand.

(3) Für die Zahl Ω der gleich wahrscheinlichen Mikrozustände beim Aufteilen von Z Flöhen im Verhältnis Z1:(Z-Z1) schreibt man

$$\Omega[Z_1{:}(Z - Z_1)] = \binom{Z}{Z_1} = \frac{Z!}{Z_1!\,(Z - Z_1)!} \tag{90}$$

Die so berechneten Ω-Kurven werden mit wachsender Teilchenzahl immer höher und schlanker (Zusatz in THERM7). Im Hauptteil von THERM7 wird ihre relative Verteilung ohne Kenntnis der Theorie erwürfelt, im Zusatz nach *Gl. 90* berechnet. Bei Gleichverteilung haben diese Kurven ihr Maximum. Es wächst mit steigendem Z rapide an (Tabelle 2); mit wachsendem Z werden die Verteilungskurven immer höher und schlanker, die Makrozustände scharen sich immer enger um die Gleichverteilung. Weitere Bemerkungen zum Entropiespiel siehe Lit. 15, Seite 34 und Lit. 5.

6.2 Entropie als Datenmenge und Information

(1) Kennen Schüler das Informationsmaß bit bei gleich wahrscheinlichen Verteilungen, so kann man den vor 40 Jahren von SHANNON erkannten Zusammenhang mit der Entropie verdeutlichen, den schon L. BOLTZMANN ahnte. Beide betreffen nämlich Wahrscheinlichkeiten (Lit. 13):

Jemand möchte mit dem aus den $N = 8$ häufigsten Buchstaben d, e, h, i, n, r, s, t bestehenden Mini-Alphabet Wörter übertragen, und zwar nur mit den dualen Ja/Nein-Entscheidungen 1;0 (in *Tabelle 5: „links oder rechts")*. Jede davon habe die Informationsmenge $I = 1$ bit. Nach *Tabelle 5* braucht er für jeden der $N = 8$ Buchstaben $n = 3$ bit, also die 3 mit Ja/Nein zu beantwortenden Fragen „links oder rechts?"):

1				0			
1		0		1		0	
1	0	1	0	1	0	0	0
d	**e**	**h**	**i**	**n**	**r**	**s**	**t**

Tabelle 5 Mit 3 Fragen „links oder rechts" (1 oder 0) wird man zum betreffenden Buchstaben geführt

Das 1. bit weist mit seiner 1 auf den Buchstabenblock d...i, mit der 0 auf n...t. Das 2. bit weist z. B. mit der linken 0 auf h oder i, mit der rechten auf s oder t. Erst das n. (3.) bit kennzeichnet den Buchstaben vollends. Mit $n = 3$ bit kann man $N = 2^3 = 8$ Buchstaben eindeutig kennzeichnen, z. B. übertragen. Es gilt:

$N = 2^n$ oder

$$n = \log_2 N = (\ln N)/\ln 2. \qquad (91)$$

Dabei ist $n = \log_2 N$ der duale Logarithmus von N, für den gilt $2^n = N$, z. B. $2^3 = 8$; $\ln 2 = 0{,}69$ ist der sogenannte natürliche Logarithmus.

(2) Zum Wort „dein" gehört so die duale Zeichenfolge

111	110	100	011
d	e	i	n

Dieses Wort hat $Z = 4$ Buchstaben; man muß nacheinander $I = Z \cdot n = 4 \cdot 3 = 12$ bit übertragen. Eine Nachricht aus Z der $N = 8$ genannten Buchstaben hat also die (duale) Informationsmenge

$$I = Z \cdot n \text{ bit} \qquad (92)$$
$(n = \log_2 N)$.

(3) Was hat das mit Entropie zu tun? Leider kann man ein thermodynamisches System nicht mit der Angabe von Ort und Geschwindigkeit all seiner Teilchen beschreiben. Da sich Mikro-Ereignisse nicht kausal verfolgen lassen (Quantentheorie, Chaos-Fehlerfortpflanzung), wären solche Detailkenntnisse sogar sinnlos. Vielmehr genügt es nach dem Boltzmann-Prinzip, makroskopische Gesamtheiten (die Zahl der Flöhe auf H1 und H2) mikroskopisch durch die Zahl Ω der als gleich wahrscheinlich erachteten Mikrozustände zu kennzeichnen. Z. B. gibt es bei Gleichverteilung (3:3) $\Omega = 20$ gleich wahrscheinliche Möglichkeiten, $Z = 6$ Flöhe auf H1 und H2 zu verteilen).

Da man nicht weiß, welcher dieser $\Omega = 20$ Mikrozustände realisiert ist, kann man

Ω als Maß für die fehlende Information *I*

bezeichnen. So hat man bei den beiden Rand-Verteilungen 6:0 und 0:6 Gewißheit, daß alle 6 Flöhe H1 bzw. H2 beißen; es gibt nur $\Omega = 1$ Möglichkeit. Hier ist die fehlende Information $I = \log_2 1 = 0$ (nichts fehlt, man weiß alles Nötige). Dazu gehört die Entropie $S = k \cdot \ln \Omega = 0$, da $\ln 1 = 0$. Bei $\Omega = 20$ dagegen ist die fehlende Information viel größer. Welchen Wert hat sie hier?

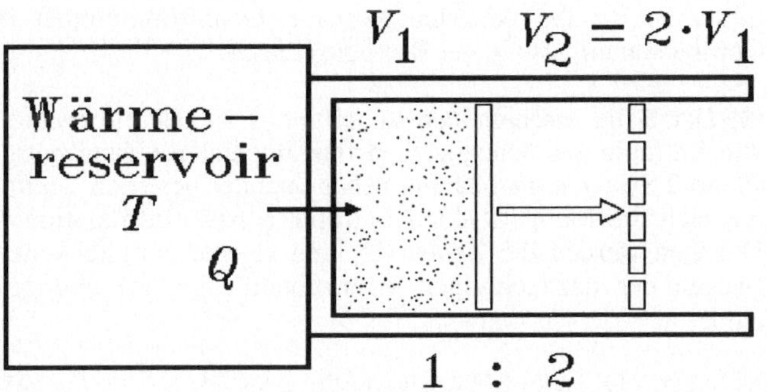

Bild 48 Beim Verdoppeln des Volumens steigt die fehlende Information über den Aufenthalt der Teilchen

(4) Zwischen der makroskopischen Größe Entropie $S = Q_{rev}/T$ und dieser fehlenden Information I konnte man einen fundamentale Zusammenhang herstellen. Wir zeigen ihn an einem Beispiel: Ein Gas der molaren Menge μ verdopple sein Volumen isotherm von V_1 auf $V_2 = 2 \cdot V_1$ *(Bild 48)*. Dabei steigt seine Entropie um

$$\Delta S = \mu \cdot R \cdot \ln (V_2/V_1) = \mu \cdot R \cdot \ln 2. \tag{93}$$

Vor der Ausdehnung können wir für jedes der $Z = \mu \cdot N_A$ Gasmoleküle die Frage „Links: Ja oder Nein" stets mit Ja beantworten, nachher nicht mehr. Durch die Ausdehnung steigt also bei $Z = \mu \cdot N_A$ Molekülen (Z Abfragen) die fehlende Informationsmenge um $\Delta I = Z$ (bit) $= \mu \cdot N_A$ (bit).

Setzt man diese Molmenge $\mu = \Delta I/N_A$ in *Gl. 93* ein, so werden der Anstieg ΔI der fehlenden Information und der Anstieg ΔS der Entropie S einander proportional:

$$\mathbf{\Delta S = (R/N_A) \cdot \ln 2 \cdot \Delta I = k \cdot 0{,}69 \cdot \Delta I} \tag{94}$$

ΔI: Zunahme der fehlenden Information
ΔS: Zunahme der Entropie
k: Boltzmann-Konstante;
0,69 = ln 2

(5) Wenn bei irreversiblen Vorgängen die Entropie S steigt, so nimmt die fehlende Information I zu: Rutscht ein Körper ($T \approx 0$ K) über einen Tisch, so besteht (klassisch gesehen) vollständige Information über die Bewegung seiner Teilchen; sie haben gleiche Richtung und gleiche Geschwindigkeit. Die fehlende Information ist $\Delta I = 0$. Wenn aber der Körper durch Reibung zu Ruhe gekommen ist, bewegen sich die Teilchen ziemlich ungeordnet: Die Zunahme ΔI der uns nun fehlenden Information ist nach *Gl. 94* proportional zur Entropiezunahme ΔS. Beides sind Mengengrößen.

Der Zusammenhang Entropie – fehlende Information ist oft sehr hilfreich. Er erweitert den Anwendungsbereich sowohl von Entropie als auch von Information, d. h. das Boltzmann-Prinzip auf Fälle, die etwas abseits der Physik liegen. Dies gilt z. B. für die Anordnungen von Geninformationen in Chromosomen, also in der Biologie (Lit. 3).

(6) Der lästig erscheinende Logarithmus ist bei Information wie Entropie aus dem gleichen fundamentalen Grund nötig: Wenn 2 Systeme unabhängig nebeneinander bestehen, *addieren* sich die Mengengrößen Entropie S bzw. Information I. Dagegen werden die Zahlen Ω_1 und Ω_2 der Möglichkeiten (wegen der dazugehörigen Wahrscheinlichkeiten) *multipliziert:*

$$k \cdot \ln(\Omega_1 \cdot \Omega_2) = k \cdot \ln \Omega_1 + k \cdot \ln \Omega_2 = S_1 + S_2. \qquad (95)$$

6.3 Zum Massenwirkungsgesetz der Chemie

Tabellenwerte geben die Änderungen der freien Enthalpie ΔG^0 nur bei Standardbedingungen an, nämlich bei $T^0 = 298{,}15$ K und $p^0 = 1{,}013$ bar (oder 1 bar), gekennzeichnet durch den Index ^{0}. Betrachten wir eine Reaktion zwischen 3 idealen Gasen „1", „2" und „3":

$$„1" + „2" = „3". \qquad (96)$$

Im Gleichgewicht gilt bei Standardbedingungen

$$\Delta G^0 = \Delta H^0 - T^0 \cdot \Delta S^0 = \Delta U^0 + \Delta(p \cdot V)^0 - T^0 \cdot \Delta S^0 = 0. \qquad (97)$$

Auf Seite 80 haben wird schon zwei Abweichungen von den Standardwerten betrachtet. Greifen wir nun einen andern Spezialfall auf: Wie ändert sich ΔG^0 bei diesen Gasen „1" bis „3" mit den Gasmenge μ_1, μ_2 und μ_3, wenn man nur den Partial-Druck von p^0 in p_1, p_2 bzw. p_3 ändert, die Temperatur aber bei T^0 beläßt?

a) In *Gl. 97* ändert sich ΔU^0 nicht, auch nicht $p_i \cdot V_i = \mu_i \cdot R \cdot T^0$. Also ist im neuen Zustand

$$\Delta H^1 = \Delta H^0. \tag{98}$$

Geändert wird aber die Entropie bei der Reaktion *Gl. 96* gemäß „rechts minus links" zu

$$\Delta S^0 = \Delta S^0{}_3 - \Delta S^0{}_1 - \Delta S^0{}_2. \tag{99}$$

Beim Gas „3" erfolgt nun die Änderung $\Delta S^0{}_3$ wegen $V_3/V_0 = p_0/p_3$ und $\Delta S_3 = \mu_3 \cdot R \cdot \ln (V_3/V_0)$ in $\Delta S^1{}_3 = \Delta S^0{}_3 + \mu_3 \cdot R \cdot \ln (p_0/p_3) = \Delta S^0{}_3 - \mu_3 \cdot R \cdot \ln (p_3/p_0)$.

Die gesamte Entropieänderung ist also statt *Gl. 99:* $\Delta S^1 = \Delta S^0{}_3 - \mu_3 \cdot R \cdot \ln (p_3/p_0) - \Delta S^0{}_1 + \mu_1 \cdot R \cdot \ln (p_1/p_0) - \Delta S^0{}_2 + \mu_2 \cdot R \cdot \ln (p_2/p_0)$.

Mit *Gl. 97, 98* und *99* folgt für die Änderung $\Delta G^1 = \Delta H^1 - T \cdot \Delta S^1$ im neuen Gleichgewicht:

$$0 = \Delta G^1 = \Delta H^0 - T^0 \cdot \Delta S^0 + T^0 \cdot \{\mu_3 \cdot R \cdot \ln (p_3/p_0) - \mu_1 \cdot R \cdot \ln (p_1/p_0) - \mu_2 \cdot R \cdot \ln (p_2/p_0)\}$$

Oder

$$0 = \Delta G^0 + R \cdot T \cdot \ln \left(\frac{\left(\frac{p3}{p0}\right)^{\mu_3}}{\left(\frac{p1}{p0}\right)^{\mu_1} \cdot \left(\frac{p2}{p0}\right)^{\mu_2}} \right)$$

Daraus folgt nicht nur das bekannte **Massenwirkungsgesetz**, sondern vor allem der Zusammenhang seiner Reaktions-Konstanten K mit der freien Reaktionsenthalpie ΔG^0 bei Standardbedingungen:

$$\left(\frac{\left(\frac{p3}{p0}\right)^{\mu_3}}{\left(\frac{p1}{p0}\right)^{\mu_1} \cdot \left(\frac{p2}{p0}\right)^{\mu_2}} \right) = \exp \left(-\frac{\Delta G^0}{R \cdot T}\right) = K \tag{100}$$

Die Reaktionskonstante K kann relativ einfach gemessen werden. Daraus folgt sofort ΔG^0. Beachtet man zudem die leicht meßbare Temperaturabhängigkeit von K, so erhält man auch ΔH_0 und schließlich ΔS_0 (hier nicht begründet). Diese Messungen stellen eine überaus wichtige Ergänzung der an galvanischen Elementen gewonnenen Werte dar und führen zu den genauen Tabellenwerten (Lit. 12, Seite 178 und 209). Das Massenwirkungsgesetz wird z. B. auch in der Theorie der Halbleiter beim Gleichgewicht zwischen Elektronen und Löchern benutzt.

6.4 Dreidimensionale Maxwell-Verteilung und Programm

(THERM16 (Lit. 14 und 15))

MAXWELL berechnete – aus noch nicht voll schlüssigen Annahmen – die Geschwindigkeitsverteilung der Moleküle eines Gases. BOLTZMANN konnte diese Rechnung mit seinem Prinzip schlüssig begründen: Die Moleküle nehmen bei einer bestimmten Temperatur, also einer bestimmten Gesamtenergie, den Zustand größter Entropie an, bei dem es am meisten Möglichkeiten, am meisten Mikrozustände Ω, gibt. Diese Rechnung selbst können wir im Dreidimensionalen nicht vorführen (Lit. 5, Seite 41 ff.). Doch läßt sich ein Computerprogramm erstellen, das aus *verschiedenen Anfangsverteilungen* nach zahlreichen stochastisch ausgewählten dreidimensionalen Stößen gemäß der Newtonmechanik die Teilchen in Zustände bringt, die um die Maxwell-Boltzmann-Verteilung streuen (mit Fluktuationen natürlich).

Im Programm THERM16 kann man zum Start wählen:

- <g>: Alle Teilchen haben die gleiche Startenergie w; dies ist zugleich die mittlere Energie w; das sich einstellende Maximum der Verteilungskurve (wahrscheinlichste Geschwindigkeit v^*) liegt aber links von w: Man findet wie erwartet $v^* < w$.

- <s>: Die Energie der Teilchen steigt linear von 0 zum Endwert 2 w an, so daß die mittlere Energie w den gleichen Wert wie bei <g> bekommt.

In beiden Fällen stellt sich der gleiche, theoretisch erwartete Endwert ein. Der von Boltzmann berechnete Wert kann vor dem Programmlauf als theoretische Kurve zum Vergleich angefordert werden; er lag diesem aber nicht zugrunde. Der Unterschied zwischen v^* und w ist deutlich zu erkennen. Ob man darauf in der Schule eingehen soll, sei dahingestellt.

Bei 2-dimensionalen Gasen erhält man eine andere Verteilung. Sie kann auf einfache Weise im Programm THERM17 demonstriert werden (Lit. 17).

6.5 Ergänzungen zum Dynamo

(1) Auf Seite 98 wurde die mechanische Widerstandskraft zu $F = -\beta \cdot v$ angesetzt. Doch ändert der Ansatz $F = -\beta \cdot v^n$ nichts Wesentliches, wie man in der Simulation oder durch obige Rechnungen zeigen kann. Nun bleibt $v_{kr} = v_\infty{}^n$ konstant. Der Anstieg $v(t)$ links von F_{kr} ist nicht mehr linear.

(2) Die Elektrotechnikliteratur benutzt beim Dynamo i. a. folgende Vereinfachungen:
- konstante Drehzahl v, also keine Lenz-Rückwirkung des

Stroms auf die Drehfrequenz. Die hier betrachteten Funktionen $I(F)$ und $v(F)$ werden also nicht gesucht.
- Man sieht von der Eigeninduktivität L ab.

Man konzentriert sich auf Remanenz und Hysterese und fragt, warum die Stromstärke bei Erregung nicht beliebig groß wird. Die Grenze wird mit der Krümmung der Hystereseschleife, nicht mit dem Lenzschen Prinzip begründet. In obiger Simulation kann man Remanenz und Hysterese durch den Ansatz

$$B(I) = B_0 + B_{\text{Sätt}} \cdot \text{arc tg}(C \cdot I)$$

berücksichtigen. C gibt den Anstieg der Hystereseschleife. Dann ändert sich an der Existenz eines kritischen Bereichs F_{kr} nichts; er wird nur etwas verwaschen. Denn B_0 gibt schon links von F_{kr} eine mit v ansteigende Stromstärke. Eine zufällige Startstörung ist dann nicht nötig.

Rechts von F_{kr} begrenzt die Krümmmung der Hystereseschleife die Stromstärke. Dies hat zwei Folgen:
- Die $I(F)$-Parabel wird schlanker,
- die Bremswirkung des Stroms ist kleiner, so daß $v(F)$ nicht mehr konstant bleibt, sondern noch etwas ansteigt.

Vor allem den zweiten Einfluß beobachtet man auch im Realversuch. Dieser wird also durch obige Synergetik-Theorie recht gut modelliert; die vorgenommene Linearisierung verfälscht das Prinzip der Selbsterregung nicht wesentlich.

Literatur:

1. A. Sommerfeld; Thermodynamik und Statistik; Harri Deutsch (1988)
2. S. W. Hawking; Eine kurze Geschichte der Zeit; Rowohlt (1988)
3. H. Haken, M. Haken-Krell; Entstehung biologischer Information und Ordnung, Wiss. Buchges. (1989)
4. C. F. von Weizsäcker; Aufbau der Physik, Hanser (1985)
5. G. Harsch; Vom Würfelspiel zum Naturgesetz, VCH Verlagsges. Weinheim (1985)
6. G. Sauer; Spiele zum 2. Hauptsatz, Naturwiss. im Unterricht, Heft 24, Mai 1989
7. U. Stille; Messen und Rechnen i.d.Physik, Vieweg (1961)
8. F. Reif; Berkeley Physik-Kurs 5, Vieweg (1990)
9. H. Baehr; Thermodynamik, ab 7. Aufl. Springer(1989)
10. Gerthsen, Kneser, Vogel; Physik (Springer 1989)
11. H. Pohl; Bd. 1 (Springer)
12. G. Pimentel; Verständnis chem. Thermodynamik, Steinkopff (1979)
13. R. Sexl, A. Pflug; Was Sie schon immer über Entropie wissen wollten.
14. H. Bergold; in Dorn · Bader Band W, Schroedel, Bestellnr. 86160
15. Lehrerheft, dazu; Bestellnr. 86161
16. Bergmann-Schaefer; Experimentalphysik, Bd. I, W. de Gruyter
17. Am. Journal phys., **39,** 1971, (1154)
18. H. Haken, A. Wunderlin; Die Selbststrukturierung der Materie. Vieweg (1991)
19. H. Haken, Erfolgsgeheimnisse der Natur, DVA (1981)
20. H. Haken, Synergetik, 3. Aufl., Springer (1990)
21. M. Bestehorn, Vortrag auf DPG-Physik-Schule, Bad Honnef (1989)
22. Dorn · Bader, Lehrerheft zum Gesamtband, Hannover 1988, Schroedel Best.-Nr. 86206